LAUG, SLÆGT OG STAT

STUDIER FRA
SPROG- OG OLDTIDSFORSKNING

UDGIVET AF

DET FILOLOGISK-HISTORISKE SAMFUND

110. BIND – ÅRGANG 2000

NR. 336

LAUG, SLÆGT OG STAT

DEN POLITISKE UDVIKLING I FIRENZE
1281-1295

af

Lino Vogt

MUSEUM TUSCULANUMS FORLAG
KØBENHAVNS UNIVERSITET
2000

Laug, slægt og stat
Studier fra Sprog- og Oldtidsforskning nr. 336

© Museum Tusculanums Forlag 2000
Redaktion: Minna Skafte Jensen
Layout og sats: Ole Klitgaard
Sat med Palatino, trykt på 90 g naturfarvet papir
Omslag: Bente Jarlhøj
Trykt hos Special-Trykkeriet Viborg a-s

ISBN 87 7289 666 3
ISSN 0107 9212

Forsidebilledet:
Bevæbnet ridder fra Prato til hest
(British Library, Royal 6 E. IX., fol. 24a).

Udgivet med støtte fra
Statens Humanistiske Forskningsråd

Museum Tusculanums Forlag
Njalsgade 92
DK-2300 København S
www.mtp.dk

Indholdsfortegnelse

I. INTRODUKTION 7

II. KILDERNE TIL VOR FORSTÅELSE 11
  De narrative kilder 12
  De dokumentariske kilder 14
    De offentlige kilder 15
    Ordinamenti di Giustizia 16
    De private kilder 18

III. *ANTICHE STIRPI E GENTE NUOVA* –
  FIRENZE I DET 13. ÅRHUNDREDE 20
    Milites, guelfer og ghibelliner 20
    Podestà 21
    Pedites, *Popolo* og laugene 22
    Primo Popolo 1250-1260 24
    De ghibellinske og guelfiske regimer 1260-1280 26
    Kardinal Latinos fredstraktat 1280-1282 28
    Prioratets fødsel 1282-1283 30
  Prioratet 32
    Råd, institutioner og organisationer 32
    Firenzes udenrigspolitik 33
    La legislazione antimagnatizia 34
    Den revolutionære bevægelse 1293-1295 35

IV. *MAGNATI* OG *POPOLANI*
  I HISTORIESKRIVNINGEN SIDEN 1899 40
  Gaetano Salvemini 40
    En ny opfattelse af kampene i Firenze 41
    Magnati og *popolani* 42
    Kommunens politiske scene 1280-1292 46
    Popolo minuto's triumf og fald 1293-1295 48
  Nicola Ottokar 51
    Prioratet og dets oligarki 52
    Magnati og *popolani* 55
    Udenrigspolitikken 1284-1292 og dens følger 58
    Den folkelige bevægelse 1293-1294 59

      Nicola Rubinstein 63
         Stat og individ 63
      Enrico Fiumi 68
         Motiver for kommunens økonomiske politik 69
      Marvin Becker 73
         Magnati - en sammensat gruppe 74
      Giovanni Tabacco 78
         Klassekamp og styrkelse af *respublica* 79
      Sergio Raveggi med flere 82
         Det guelfiske regime 83
         Prioratets første ti år 87
         Årene under Giano della Bella 91
      Andrea Zorzi 96
         Loven som forhandlingsinstrument 96

V.   FORSKNINGENS AKTUELLE STADE OG
      FREMTIDSPERSPEKTIVER 101
      Tendenser inden for forskningen 101
      Mod et mere nuanceret syn på konflikten 107

VI. BIBLIOGRAFI 115
      Kilder 115
      Sekundærlitteratur 117

NOTER 123

I. Introduktion

Hvorfor i alverden dog spilde sin tid på Italiens historie i middelalderen? Spørgsmålet vil nok virke provokerende på mange, ud fra en opfattelse af, at alle aspekter af den menneskelige aktivitet, på alle tidspunkter og alle steder er værdige emner for fordybelse. Når jeg alligevel tillader mig frækheden, skyldes det, at usædvanlig få danskere åbenbart har ment, at denne historie var værd at bortødsle tid på, hvorimod epokens litterære side har modtaget større opmærksomhed. Det kan skyldes, at min viden om mine landsmænds aktivitet er mangelfuld, men jeg kan kun komme på to, Johan Plesner og Erik Bach, hvis interesse for historien har givet sig udslag i større publikationer, henholdsvis om Firenze og om Genova. Og skønt det naturligvis er al ære værd at gøre sit arbejde tilgængeligt for en international læserkreds, så må det siges at være betegnende for den bredere danske interesse, at disse historikeres bøger kun er udkommet på fransk og italiensk.[1]

Det er ikke sært, at Plesners to betydningsfulde arbejder netop omhandler Firenze af alle italienske byer. Der findes næppe mange byer, hvis middelalderhistorie har været centrum for så megen opmærksomhed som Firenzes. Interessen begrænser sig på ingen måde til italienske historikere; tyskere, englændere, amerikanere og franskmænd har leveret nogle af de vigtigste bidrag til forståelsen af byens udvikling. Når man funderer over årsagen til denne optagethed af Firenze, melder flere svar sig. En mulig forklaring skal slet ikke findes i selve Middelalderen, men i dens *grande finale*, som man kalder Renæssancen. Uden at forfalde til panegyrik à la Burckhardt, kan man roligt fastslå, at denne periode udgør en blomstring for kunsten og et nyt bud på menneskets natur. Netop i Firenze står denne bevægelses vugge, og intetsteds frembringer den så opsigtsvækkende resultater som her. Den fascination, Renæssancen har været genstand for siden midten af attenhundredtallet, har – ud over en kolossal produktion om selve perioden – affødt interesse for dens rødder. Hvilket miljø vokser den ud af, eller om man vil, hvilken kultur gør den oprør mod? Og hvilken by er i denne forbindelse mere oplagt at rette blikket mod end Firenze?

Et andet svar ligger i den position som kulturelt, intellektuelt og politisk midtpunkt, som Firenze har haft, og delvis stadig har. I lang tid var byen et oplagt bud på et opholdssted for intellektuelle fra hele Italien, ja fra hele verden, og hvad er mere nærliggende end at interessere sig for den Middelalder, som i så høj grad har sat sit præg på byens udvikling og udseende? Når talen nu er om intellektuelle, så skal man heller ikke forklejne den interesse for Firenzes historie omkring år 1300, der er fulgt i kølvandet på den store forskning omkring Dante og den Komedie som – især i *Inferno* – beskriver datidens Firenze.

Et sidste spor finder vi i det eksempel Firenze står for som kommune. Sjældent har de offentlige institutioner udviklet sig så hektisk som i århundrederne efter år 1000, og den politologiske interesse for kommunen, som et skridt på vejen fra den tidlige Middelalders fragmenterede autoritet til vore dages nationalstater, har i Firenze fundet et ganske veldokumenteret og spændende eksempel. For en forståelse af den republikanske tankes udvikling og anvendelse har mange således vendt blikket mod Firenze, som tilmed har været hjemsted for flere af Italiens betydeligste politiske tænkere, fra Brunetto Latini over Leonardo Bruni Aretino til Niccolò Machiavelli, for ikke at forglemme den allestedsnærværende Dante.

Jeg vil over de mange kommende sider se på, hvordan historikere siden 1899 har fortolket perioden 1281-1295 i Firenze med henblik på et lille aspekt af udviklingen. I denne årrække indføres en række særlove, igennem hvilke en lille del af befolkningen diskrimineres. Denne lovgivning betegnes i italiensk historieskrivning normalt som *la legislazione antimagnatizia*, efter den befolkningsgruppe, der rammes, de såkaldte *magnati*. Hvad der ligger i at være *magnate*, er, som vi skal se, et såre omtvistet spørgsmål, men det drejer sig under alle omstændigheder om medlemmerne af en række af byens mest fremtrædende familier. Hvem indfører så disse love? De gør *popolani*, medlemmer af *Popolo*, hvilket i denne sammenhæng ikke betyder "folket" i moderne forstand, men den privilegerede del af befolkningen, som er organiseret i laugene. Men hvorfor indføres disse særlove? Er der væsentlige socioøkonomiske forskelle mellem de to grupperinger, der kan forklare lovgivningen? Kan man i det hele taget operere med *popolani* og *magnati* som to distinkte "klasser"? Dette er nogle af de spørgsmål, som debatten har fokuseret på.

Det siger sig selv, at historieskrivningen omkring Firenze – som om alle andre steder, perioder og emner – har givet og giver rig mulighed for uenighed og debat. Når jeg over de mange kommende sider gennemgår det, som jeg anser for de vigtigste bidrag til debatten om *la legislazione antimagnatizia* 1281-1295, som den har formet sig siden 1899, er mit valg selvfølgelig subjektivt. Valget af udgangspunkt skyldes det ikke et ønske om at favne flere århundreder, men at 1899 er udgivelsesåret for den bog, som har sat præmisserne for hele debatten. Dette valg vil de færreste nok anfægte. Mit udvalg af bidrag fra denne periode vil til gengæld efter sagens natur altid kunne kritiseres. Til mit forsvar vil jeg fremføre, at jeg har prioriteret de specialiserede fremstillinger om spørgsmålet højt, og at det i øvrigt er mit klare indtryk, at der i historikerkredse hersker en relativt bred enighed om tyngden af de arbejder, jeg har valgt. På samme vis udsætter jeg mig for dadel i det øjeblik, jeg reducerer disse komplekse værker til få sider, men det er nu engang betingelserne for enhver diskussion af større tekster, og det vil derfor blot være min opgave samvittighedsfuldt at se til, at det vigtigste kommer med og bliver rigtigt prioriteret.

Historikernes analyser har ikke fordelt sig jævnt gennem det sidste sekel, thi som for alle historiske emner er interessen for dette spørgsmål steget og dalet efter uransagelige principper. Hvorom alting er, håber jeg at kunne give et beskedent billede af historiografiens udvikling siden 1899, i al fald hvad mit lille emne angår. Mine undersøgelser vil således fokusere på de eksisterende tolkninger og ikke forsøge endnu en udlægning af de kilder, som allerede er blevet endevendt et utal af gange. Jeg vil granske de mest betydelige bidrag og give en så vidt muligt afbalanceret og neutral skildring af dem, idet jeg søger at belyse deres forskellige "nøgler" til forståelsen af det skete. Det skal understreges, at jeg ikke i denne gennemgang vil kaste mig ud i en direkte kritik af de enkelte forskeres metoder eller resultater, men i første omgang interessere mig for, om man kan identificere en række retninger, skoler eller, om man vil, paradigmer inden for forskningen?

At opnå et overblik over, hvorledes historikerne har behandlet dette emne, og hvordan deres forskellige indgangsvinkler har ført til forskellige resultater, er i sig selv et væsentligt resultat. Det er imidlertid mit håb, at dette ikke kun skal forblive et mål, men også blive mig et middel til at formulere en mere velunderbygget selvstændig opfattelse. I denne forbindelse vil jeg naturligvis komme ind på en kritik – direkte eller indirekte – af den hidtidige forskning, ikke så meget af de enkelte forskeres konkrete frembringelser som af deres metoder og disses evne til at forklare hændelserne. Det ville dog være prætentiøst at love en fuldt udbygget, ny og bedre forklaring, eller blot at stille en syntese af den tidligere produktion i udsigt. Min forhåbning er mere beskeden, nemlig at blive i stand til at opridse og argumentere for den tolkningsramme, som jeg mener åbner mulighed for den bedste forståelse af begivenhederne, samt med denne indsigt i hænde at kunne identificere lidet opdyrkede områder inden for forskningen og således skitsere muligheder for fremtidigt arbejde.

For at dette så specialiserede emne ikke skal føre til et esoterisk arbejde, som kun en snæver kreds af indviede ville kunne værdsætte, vil jeg først give et portræt af det kildemateriale, som hele historieskrivningen baserer sig på, og som samtidig udgør, om ikke årsagen til uenigheden, så en forudsætning for at så mange tolkninger har kunnet leve side om side. Da jeg endvidere ikke mener, at jeg anstændigvis kan forudsætte et solidt kendskab til Firenzes historie i det 13. århundrede, vil jeg ligeledes kort redegøre for det, jeg ser som de vigtigste begivenheder i denne turbulente epoke, med specielt fokus på seklets sidste 20 år.

II. Kilderne til vor forståelse

Op til midten af attenhundredetallet var spørgsmålet om anvendelsen og kritikken af kildene ret simpelt. Historieskrivningen var fortrinsvis baseret på de krøniker, der var skrevet mere eller mindre samtidig med begivenhederne, de beskrev. Disse krøniker dannede i en ofte næsten parafraseret form grundlaget for beskrivelser, der i høj grad var prægede af historikerens ideologiske og filosofiske vurderinger. Derfor udgav man også mange krøniker, der hidtil kun havde været kendt i form af manuskripter. De dokumentariske kilder var til gengæld ikke genstand for den store interesse og brugtes kun sporadisk og usystematisk, så de fik som oftest lov til at hvile i arkivernes mørke endnu en rum tid.

Mod midten af århundredet fortrængtes denne måde at skrive historie på af en ny metode. I hele Europa opstod interesse for opdagelse og kritik af de dokumentariske kilder, og for en mere kritisk behandling af de narrative som grundlag for historieskrivningen. Denne positivisme, som forestillede sig at kunne opnå samme objektive viden, som man kendte fra naturvidenskaberne, søgte gennem en kritisk analyse af kilderne at rekonstruere handlingsforløb, sociale, juridiske og økonomiske strukturer, og mere generelt at finde love for udviklingen. Man understregede, at historikeren burde være neutral i sit arbejde og, for at undgå tidligere tiders subjektive vurderinger, underbygge alle sine konklusioner med systematiske henvisninger til kilderne og forholde sig yderst kritisk til disses værdi.

Denne form for historieskrivning medførte en voldsom interesse for de kilder, man siden da har baseret forskningen på, skønt man for længst har måttet indse det utopiske i en objektiv forskning. Attenhundredtallets anden halvdel så adskillige værdifulde udgivelser af arkivernes manuskripter. Førhen havde de dokumentariske kilder – i det beskedne omfang de var kommet på tryk – ikke været genstand for megen omsorg, men nu behandledes teksterne med en sådan filologisk omhu, at udgivelserne ofte til fulde bevarer deres værdi i dag.

Der er stor forskel på, hvor rige de forskellige italienske byer er på kilder til belysning af deres historie i Middelalderen. Firenze hører til blandt de bedre forsynede, og kilderne er ikke kun mangfoldige, men også yderst forskelligartede. Fælles størstedelen af dokumenterne er, at de i dag er samlet i Firenzes statsarkiv, *Archivio di Stato di Firenze*. Det siger sig selv, at store mængder skriftlig dokumentation er gået tabt, hvad enten det skyldes, at man senere ikke har anset dem for vigtige, eller det skyldes brande eller tidligere tiders miserable opbevaringsforhold. Derfor er kildematerialet som oftest af meget vekslende omfang, skønt der er en tendens til, at det bliver rigere gennem tiden.

Det er naturligvis altid problematisk at afgrænse kilderne til en periodes fortolkning, men på baggrund af de værker og de forskere, jeg her vil diskutere, tør jeg godt påstå, at der eksisterer et fælles essentielt korpus af relevante kilder, som jeg her vil give en skitse af.

De narrative kilder

Når man siger narrative kilder og Firenze omkring år 1300, må man også sige Dante Alighieri. Det er da også de færreste forskere, som har modstået fristelsen til med flid at citere Poeten i forbindelse med hændelserne i sidste halvdel af det 13. århundrede, men skønt hans værker – som anden poesi, beskrivelser af helgeners liv, prædikener og lignende – kan bidrage til vor forståelse af tidens mentalitet, er der enighed om, at tyngden i kilderne ligger et andet sted.

Firenze er usædvanlig rig på krøniker, der, skønt de fleste først er skrevet en gang i løbet af det 14. århundrede, blandt andet omhandler den periode, som særlig interesserer os her. Den første kendte krønike, skrevet af en anonym jurist, stammer ganske vist fra en langt tidligere periode og beretter om begivenhederne 1125-1231, selvsagt på latin.[2] Den næste krønike, kronologisk set, er især interessant for årtierne før Prioratet, altså før 1282, endskønt den dækker tiden indtil 1286.[3] Denne gang skrives der på folkesproget, *volgare*, hvilket også gælder for alle de kommende værker. Begge disse krøniker vurderes dog generelt som ret marginale for diskussionen i forhold til tidens to kendteste arbejder af Dino Compagni og Giovanni Villani.[4] Disse værkers litterære kvaliteter har sikret dem en stor popularitet, men deres bidrag til forståelsen af perioden er også vigtigt og generelt set langt større end nogen anden krønikes. Begge beskriver tidens hændelser med en vis detaljerigdom, og deres forklaringer af følelserne og motiverne bag begivenhederne giver tit vigtige tilskud til de dokumentariske kilders mere faktuelle oplysninger.

Ud over disse to klassikere kan man nævne en håndfuld mindre væsentlige, men absolut ikke irrelevante krøniker og mindre beretninger, alle affattet i det 14. århundrede. Særlig opmærksomhed fortjener Marchionne di Coppo Stefanis krønike, der som den eneste samvittighedsfuldt bringer navnene på samtlige priorer i perioden.[5] Flere interessante oplysninger findes også i den krønike, der en tid fejlagtigt blev tilskrevet Brunetto Latini.[6] Blandt de andre mere eller mindre vigtige værker finder vi en kortere beretning, der udmærker sig ved at være skrevet af en *magnate* – hvor alle de andre er skrevet af *popolani* – og derfor giver et spændende indblik i "den anden sides" opfattelse.[7] Det samme kan siges at være gældende for Paolino Pieris krønike, der skønt hans familie ikke erklæres *magnate*, er fjendtlig indstillet over for de *Ordinamenti di Giustizia*, som udgør kulminationen på lovene mod *magnati*. Ifølge Pieri burde man ikke kalde dem *di Giustizia*, men *di Tristizia*, altså ondskabens og ikke retfærdighedens forordninger.[8]

Alle de omtalte krøniker er i større eller mindre grad retrospektive. For Dino Compagni gælder det ganske vist, at han har deltaget livligt i kommunens politiske liv på topplan fra Prioratets fødsel og frem, og blandt andet beklædt det vigtige kommunale embede *Gonfaloniere della Giustizia* i det turbulente år 1293. Dette giver selvsagt hans ord en særlig værdi, selv om de først er nedskrevet mellem 1302 og 1312. Også Villani har været ganske tæt på begivenhederne, skønt han kun er to år gammel, da Prioratet fødes, og først nedfælder sin krønike 1333-1348. Den kendsgerning at alle krønikerne er nedskrevet en del år efter begivenhederne, må naturligvis vække en vis bekymring. Vi ved alle, hvor svært det kan være at genfortælle et hændelsesforløb præcist, og når det skete kommer på mange års afstand, er det uafvendeligt, at man fra tid til anden sjusker med kronologien, efterrationaliserer og blander forskellige forløb sammen. Heller ingen moderne forsker har da været villig til ukritisk at acceptere den ene eller den anden forfatters forklaringer. Alle oplysninger tages generelt med et gran salt, skønt der hos mange historikere kan spores en tendens til at citere krønikerne som autoriteter, når de underbygger ens teori, medens de kritiseres som forvirrede og upålidelige, når deres oplysninger går i modsat retning.

Når forfatterne kommer på længere afstand af begivenhederne, må man alt andet lige betragte deres oplysninger med større skepsis. Dette gælder stort set også historiografiens behandling af de krøniker, vi kender fra det 15. århundrede, hvis forklaringer med få undtagelser ikke tages i betragtning, da de hovedsageligt bygger på tidligere krøniker. Man kan dog ikke helt ignorere dem, al den stund forfatterne muligvis har haft adgang til kilder, som siden hen er gået tabt. Dette gælder Rinuccinis krønike, der angiver et tal på familier, som erklæres *magnati* i 1293, hvad ingen af det forrige århundredes kilder har oplyst.[9] Denne oplysning har primært værdi, fordi vi genfinder samme tal i en anden krønike fra fjortenhundredtallet, som ydermere bringer en liste over *magnate*-familierne.[10] Forfatterne til den tids krøniker har i vid udstrækning bygget på andre værker, men hvad antallet af *magnate*-slægter angår, kan hverken Cambi eller Rinuccini have bygget på tidligere krøniker (i al fald ingen der har overlevet til vore dage) og slet ikke Leonardi Brunis, hvori der angives et helt andet tal.[11] Denne krønike betragtes for øvrigt af mange historikere som temmelig pålidelig, og den citeres som kilde på linie med mange krøniker fra trettenhundredtallet.

De dokumentariske kilder
Hvis de narrative kilder udgør en forholdsvis homogen gruppe, som det ikke volder store kvaler at skitsere, så frembyder de såkaldt dokumentariske kilder større problemer. Under denne betegnelse samler vi nemlig alle tidens love, forordninger, forfatninger, vedtægter, opgørelser, kontrakter, private og kommercielle breve, testamenter, medlemslister, regnskaber, registre, referater af diskussioner i rådene osv. Medens krønikerne har været skrevet for at påvirke samtidens og eftertidens opfattelse af begivenhederne, er de dokumentariske kilder udtryk for den øjeblikkelige regulering af og kontrol med menneskenes aktivitet. De er blevet til som nødvendig dokumentation i forbindelse med samfundets og indbyggernes vekselvirkning.

De offentlige kilder
Endskønt man generelt kan sige, at mængden af overleverede kilder stiger konstant gennem det 13. århundrede, så er de folkelige og ghibellinske perioder 1250-1266 stadig i stort omfang indhyllet i de sparsomme kilders tåger. Også fra det guelfiske styre 1267-1280 kendes kun få egentlige offentlige, politiske dokumenter, alle fra periodens første eller sidste år. Men fra kardinal Latinos fred i 1280 tager kilderne et stort kvantitativt og kvalitativt spring fremad.

Den ubestridt vigtigste kilde til at forstå politikken i Firenze i det 13. århundredes to sidste dekader er referaterne af rådenes arbejde, de såkaldte *Consulte*. Referaterne er præget af tidens (og musenes) tand, meget svært læselige og fulde af forkortelser, eftersom de er nedskrevet af rådets notar under mødet. I slutningen af attenhundredtallet blev referaterne fra 1280 til 1298, efter et omhyggeligt filologisk arbejde, gjort lettere tilgængelige for forskningen, da de blev udgivet i to store bind.[12] Disse rådsprotokoller har beklageligvis flere lakuner, den længste på næsten fire år, og det er umuligt at fastslå, hvor mange enkelte møder, der er faldet ud. Ikke desto mindre udgør deres oplysninger om identiteten af rådenes medlemmer, diskussionernes forløb, de forskellige forslag og beslutninger en enestående kilde til forståelsen af, hvad der rørte sig i florentinsk politik på topplan.

For at et forslag kunne vedtages, skulle det have flertal i alle rådene, og når det skete, blev beslutningen ført til protokols i de såkaldte *Provvisioni*; men dem kender vi først fra år 1285, og indtil begyndelsen af 1289 er de ganske sparsomme. Da de endvidere hverken oplyser, hvem der har besluttet forslaget, hvilke argumenter der er blevet brugt for og imod, eller hvilke alternative forslag der er blevet fremført, men som oftest kun refererer én repræsentativ taler, er de som regel ikke så udbytterige som *Consulte*.

Af stor interesse er ligeledes tre "bøger", som udspringer af kampen mellem guelfer og ghibelliner. Den kronologisk set første er den såkaldte *Libro di Montaperti*, en udførlig rapport om den florentinske hærs sammensætning og bevægelser op til slaget ved Montaperti i 1260.[13] Bogen er ganske vist temmelig ufuldstændig, og store dele er forsvundet for stedse, men de stumper, vi kender, tillader os mange konklusioner om hærens opbygning og dermed om samfundets struktur. Manuskriptet indeholder nemlig mange navne på hærens officerer og på de indbyggere, som havde pligt til at stille med en stridshest, og afslører således meget om de forskellige familiers status.

Efter slaget ved Montaperti gør ghibellinerne deres indtog i Firenze, og mange guelfer går i eksil. Under de kommende seks års ghibellinske styre udsættes mange guelfers ejendom for omfattende hærværk, og da guelferne i 1267 atter tager magten i kommunen, opgøres skaderne. For første gang i byens historie destruerer man ikke fjendens huse og tårne, men konfiskerer dem, hvilket lægger grunden til fraktionsorganisation *Parte Guelfa*'s rigdom og samtidig danner basis for erstatning til de ramte guelfer. Alle disse skader og godtgørelser nedfældes i 1269 i den såkaldte *Liber Extimationum*.[14] Der er særdeles stor forskel på de tildelte beløb, og man kan spørge om, hvad en stor erstatning betyder: at familien, ud over at være guelfisk, er rig?; at den har gode forbindelser til *Parte Guelfa*'s ledelse?; at den er særlig ugleset af ghibellinerne?; eller en kombination af flere faktorer?

Desværre ledsages listen over udbetalte erstatninger til guelferne ikke af en fortegnelse over konfiskationer fra ghibellinerne, men der eksisterer til gengæld en lang liste over de ghibelliner, som forvises fra Firenze. Selv om denne bog, kaldet *Libro del Chiodo* på grund de mange søm i indbindingen, ikke giver et billede af ghibellinernes økonomiske stilling, så bevidner den tydeligt, hvilke familier der blev anset for de mægtigste og mest radikale.[15]

Grundlæggende for ethvert studie af det florentinske samfund er naturligvis også kommunens lovgivning. Hvad enten det drejer sig om strafferet eller konstitutionel ret, var lovene samlet i *podestà*'s og *capitano*'s *statuti*, der revideres hvert år. Vort kendskab til disse love er langtfra fuldstændigt, og tit kendes lovene kun fra senere samlinger, hvilket naturligt rejser spørgsmål om tilblivelsestidspunkt og eventuelle forandringer i forhold til deres originale form.[16]

Ordinamenti di Giustizia

Et særlig interessant kapitel for os udgøres af *Ordinamenti di Giustizia*, det store lovkompleks, gennem hvilket *magnati* diskrimineres i såvel den konstitutionelle ret som i strafferetten. Denne lovsamling kendes fra mange manuskripter, men den oprindelige tekst af den 18. januar 1293 er gået tabt.[17] Første gang en af de mange versioner trykkes er i 1777 som en slags baggrundsmateriale for Stefanis krønike.[18] Der er dog kun tale om en delvis og temmelig rodet udgivelse, der ingen værdi har for senere tiders interesse i at genetablere lovpakkens første udseende. Kort tid efter, i 1790, udgives et latinsk manuskript, som indeholder 65 rubrikker, hvoraf de første 28 bærer datoen 18. januar 1292 (hvilket svarer til 1293, thi i datidens Firenze startede kalenderåret den 25. marts). De følgende 34 rubrikker dateres ikke i den trykte udgave, men angives i manuskriptet til 6. juli 1295. De sidste 3 stammer angiveligt fra 29. marts 1297, men er tilføjet samlingen senere, hvilket gør, at man må datere samlingen til 1295.[19]

I 1853 udgiver Emiliani Giudici i appendiks til en historie om de italienske kommuner en anden version af *Ordinamenti*.[20] Det drejer sig denne gang om ikke mindre end 115 rubrikker på italiensk. De 62 første rubrikker er stort set identiske med Fineschis første 62, og de ret små forskelle må tilskrives aldersforskellen på de to samlinger. Ved et gennemsyn af rubrikkerne opdager man nemlig, at flere er tilføjet langt ind trettenhundredtallet. Den yngste bærer datoen 8. august 1324.

Men når ændringer af rubrikkernes indhold kan forekomme mellem disse to samlinger, hvordan kan man så rekonstruere den originale lovtekst ved hjælp af samlingernes første 28 rubrikker? Kunne de ikke også have undergået forandringer frem til 1295?

Et stort skridt på vejen tages i 1855 da Francesco Bonaini opdager, redigerer og udgiver et hidtil upåagtet manuskript. Bonaini fastholder, at han har fundet den oprindelige redaktion af *Ordinamenti* fra januar 1293.[21] Den frembyder dog visse problemer, thi ganske vist angiver teksten indledningsvis at være fra januar, *de mense ianuarii*, men de kun 22 rubrikker lægger ikke ud med den traditionelle omstændelige formel, som vi genfinder i begge føromtalte versioner, og den er ej heller underskrevet af lovgiverne, som vanen ellers var. Yderligere er siderne fulde af overstregninger og tilføjelser fra forskellig hånd. Alt leder således tanken hen på en kladde, som de tre dertil udpegede borgere havde arbejdet på, en *prima bozza*, som Bonaini selv siger.

Hvis man sammenholder disse 22 rubrikker med de første 28 i Fineschis og Giudicis versioner, er der nok 6 rubrikker i "underskud", men de er alle af sekundær betydning. Der er desuden visse forskelle i ordlyden, men snarere i formen end i indholdet.

Et lille halvt århundrede senere kan Salvemini efter et nøje filologisk arbejde definitivt identificere denne kladde med den originale lov.[22]

De private kilder
En meget stor del af den viden, vi har om enkeltpersonernes indbyrdes økonomiske og juridiske forhold, skyldes de registre, notarerne førte. I den lange periode, hvor den italienske halvø var påvirket af den germanske kultur, stod det sløjt til med den skriftlige dokumentation. Den germanske tradition byggede på mundtligt vidnesbyrd, og i kommunernes verden blomstrer den skriftlige dokumentation først for alvor i det 12. århundrede med genopdagelsen af den romerske ret. Ved overgangen til det 13. århundrede er der overalt en tendens til, at notarernes arbejde anerkendes som bevis i spørgsmål om ejendomsforhold og rettigheder. Notaren bliver "statsautoriseret", og dermed begynder han at føre protokoller over alle de kontrakter, han udfærdiger mellem indbyggerne.

Vil man sikre sig, at en aftale er juridisk holdbar, går man til notaren. Notaren skriver først en kladde, *in grossum*, uden retorisk pynt. Derpå fører han alle aktens centrale oplysninger ind i sin protokol, kaldet *imbreviatura*, for endelig at skrive det ønskede antal kopier efter alle kunstens regler med de officielle formalia, *in mundum*. Men eftersom notarens *imbreviatura* udgjorde et juridisk gældende bevis, var det ikke engang altid, at parterne ønskede disse *instrumenta*.

Protokollen var altså af stor betydning og kunne som sådan indbringe notaren indtægter i fremtiden. Denne værdi – og det faktum at tykke bøger lettere overlever end løse sider – gør, at samlingen *Notarile Antecosimiano* under det florentinske statsarkiv besidder hele 24 sådanne *imbreviaturae*, som repræsenterer 36 notarer, der har virket i det 13. århundrede. Selv om dette udgør en forsvindende brøkdel af det oprindelige materiale fra de anslået 600 notarer, som var aktive i denne periode, forsyner bøgerne os med vigtige oplysninger om salg og køb af ejendom, lån, leje, ægteskaber, fredsaftaler mellem stridende familier, inventur, frigivelse af livegne osv.

Ud over notarernes protokoller er en del løse kontrakter bevaret, alle samlet i det florentinske statsarkivs samling af diplomer, *Diplomatico*. Emnerne er de samme, men dokumenternes overlevelse har i høj grad beroet på deres vigtighed for senere tider og på deres ejeres soliditet. Således har de religiøse enheder ofte bevaret de akter, der kunne bevise deres rettigheder, medens private familiers arkiver er noget fattigere. Et eksempel på dokumenter, der næsten alle er gået tabt på grund af deres manglende betydning for eftertiden, er tårnforeningernes statutter.[23] I starten af det 13. århundrede var der ikke mindre end 150 tårne i Firenze, opførte og ejede af foreninger af mægtige indbyggere. Disse *societates turris* samlede en overgang store dele af byens aristokrati, men med tiden mister de deres betydning, og tårne rives ned eller forfalder. Når vi alligevel kender nogle få eksempler på *societates turris'* statutter, skyldes det ofte, at de blev skrevet på store ark papir, og sådanne var velegnede til indbinding af bøger i Renæssancen.

Også laugene har frembragt en række kilder, der bidrager til billedet af det florentinske samfund. De mest interessante i vor sammenhæng er medlemslister, man kender fra fire af de syv store laug, *Arti maggiori*. Disse *matricole* kan hjælpe os til at forstå den sociale sammensætning af en række magtfulde laug, selv om man her, som i alle de andre kilder, skal være yderst varsom når man søger at fastslå de enkelte personers identitet.[24] Tilfældene af sammenfald af navne, homonymi, er langt hyppigere end man skulle tro; store slægter er tit delt op i flere grene af forskellig politisk og social position; og hvem kan umiddelbart sige, om det latinske dokuments Iacopus Donati er Jacopo af slægten Donato eller Jacopo, søn af Donato?

Det portræt, jeg her har søgt at tegne af kilderne for historikernes analyser af Firenze i det 13. århundredes sidste årtier, er kun en løs og ufuldstændig skitse. For eksempel trækker forskningen også i vid udstrækning på dokumenter fra de andre kommuner og autoriteter, som Firenze har ligget i krig med, forhandlet med eller blot handlet med. I forbindelse med pavernes kamp mod kong Manfredi og hans ghibellinske allierede i Firenze har mange florentinske bankierer således et livligt økonomisk og politisk samkvem med Kirkestaten, hvorom de pavelige arkiver kan fortælle ikke så lidt.[25] Men hvor ufuldstændig denne lille fremstilling end er, føler jeg, at den giver en idé om det vigtigste materiale (som naturligvis kommer fra selve Firenze) for alle de fortolkninger, vi nu skal se nærmere på.[26]

III. *Antiche stirpi e gente nuova*
Firenze i det 13. århundrede

Milites, guelfer og ghibelliner
Capo ha cosa fatta fastslår Mosca Lamberti lakonisk – "Først Daad, så Raad", som det hedder i Christian Molbechs smukke oversættelse af Komedien -, og med disse ord besegles Buondelmonte de' Buondelmontis skæbne. Han har nylig sveget sit løfte om at ægte en pige af huset Amidei, da et tilbud fra familien Donati viste sig mere gunstigt. Denne gemene opførsel beslutter en række mænd fra Amideislægten og dens fæller at hævne, så da den unge Buondelmonti påskemorgen 1215 rider til sit bryllup, venter hans banemænd ham. Således opstår splittelsen i Firenze mellem guelfer og ghibelliner, derom er alle krønikerne og Dante enige.

I dag er vi mere tilbøjelige til at betone det allerede gamle fjendskab mellem byens store og mægtige familier, i hvilke den militære tradition er indgroet og giver sig udtryk i en fælles militær ridderkultur. Disse slægter udgør det såkaldte "konsulære aristokrati", der siden kommunens fødsel har monopoliseret magten i byens regering, konsulatet. Men fordelingen af embederne har været årsag til splid, så kampene har været utallige. For at stå sig bedre i denne konkurrence organiserer man sig i såkaldte *consorterie*, alliancer af familier, som støtter hinanden i kampene, og i *societates turris*, der opfører tårne til brug for samme stridigheder.

Det kan være svært i dag at forstå betydningen af disse beredne krigere, *milites*, som kilderne benævner dem, men ud over at familierne er rige på jorder, huse og tårne, er deres evner afgørende i en tid, hvor udfaldet af den politiske debat altid afhænger af parternes militære formåen. På slagmarken regnes én ridder for at opveje ti fodfolk, og ydermere ligger al den strategiske erfaring hos disse "gentili uomini usi alla guerra".[27] Disse familier kan altså takket være deres fysiske styrke på den ene side holde resten af befolkningen i ave, og på den anden side er de uundværlige for kommunens overlevelse og selvstændighed, som konstant trues af kejserdømmet, store feudale herremænd og ikke mindst af de andre kommuner.

Mange af disse store slægter har også et nært forhold til Kirken, enten som højtstående gejstlige eller som forvaltere af kirkelige besiddelser. Som overalt ellers i Middelalderen indtog religionen også i Firenze en central position, men skønt dens forskellige institutioner besad stor rigdom og nød betydelig indflydelse, spillede den ikke som så mange andre steder en direkte rolle i det politisk-institutionelle liv. Dette hænger måske sammen med byens styreform i førkommunal tid, thi hvor den største magtfaktor i mangen central- og norditaliensk by før – og til tider også efter – kommunens fødsel var biskoppen, dér styredes Firenze af grever og markgrever. Biskoppen forbliver en vigtig skikkelse, både i kraft af sin magt over sjælene og over store besiddelser, men han får aldrig lov til at blive byens leder. Dette betyder selvfølgelig ikke, at folk tilknyttet Kirken ikke deltager i kommunens ledelse, men de gør det som magtfulde og rige enkeltpersoner, ikke på grund af deres klerikale position.

Podestà
Når konsulatet mod slutningen af det 12. århundrede afløses af en ny styreform, skal det ikke opfattes som et opgør med fraktionernes styre, men snarere som udtryk for en mere rationel offentlig ledelse. Fornyelsen består af den såkaldte *podestà*, en professionel funktionær som i en afmålt periode skal styre byen. De første år kommer han fra en af byens konsulære slægter, men snart begynder man at sende bud efter ham fra andre byer. Ved udvælgelsen lægges der vægt på, at han er af samme politiske opfattelse som byens for tiden dominerende familier, men man sørger også for, at han ikke kommer fra en for magtfuld nabokommune, hvilket kunne indebære en sikkerhedsrisiko. For at kunne udfylde posten skal han på én gang være en dygtig kriger, en god administrator og en habil jurist, hvilket automatisk medfører, at han må stamme fra en aristokratisk familie. Det siger sig selv, at man afvejer disse hensyn forskelligt alt efter den aktuelle situation: Står krigen for døren, ser man stort på de administrative evner og søger den bedste general, men står man for en større reform af kommunens forfatning, *statuti*, er de juridiske evner i højsædet.

Han skal være byens "præsident" i en periode, der i starten som oftest er et år, men siden bliver seks måneder. Det er vigtigt at understrege, at *podestà* ikke er en diktator. Den lovgivende magt forbliver hos to råd, *Consiglio Generale* og *Consiglio Speciale*, hvor de kendte familier fra det konsulære aristokrati sidder. *Podestà's* opgaver er nøje stukket ud, og før han indtræder i embedet, skal han sværge at overholde byens forfatning. Han skal lede rådenes møder, forberede de emner, de skal diskutere, til tider udtrykke sin mening om emnerne, iværksætte rådenes afgørelser, samt være politimester og den højeste militære myndighed.

Pedites, Popolo og laugene
Nu består Firenzes befolkning naturligvis af andre end gamle, glorværdige slægter. Faktisk er indbyggerantallet mangedoblet over de sidste 100 år, og blandt de hen ved 50.000 sjæle, som byen huser omkring år 1200, udgør *milites* kun en lille del. Befolkningstilvæksten har været så heftig, at man 1172-1174 har måttet udvide bymuren og tilføje to nye bydele, således at den klassiske romerske opdeling i fire dele, kvarterer, må udvides til seks dele, *sesti*. I krigstid organiseres hele befolkningen efter *sesti*, men til daglig er den mindste administrative enhed sognet – *capella* eller *popolo* – der har ansvaret for den lokale renholdelse, orden og andre praktiske gøremål.

Traditionelt har *milites* domineret byens ledelse, mens de mere ydmyge grupper – kaldet *pedites*, fordi de i krig må slås til fods – kun har haft en beskeden indflydelse, men dog er kommet til orde i *Arrengo*, også kaldet *Parlamentum*. Dette ting samler alle de florentinske mænd af en vis status, når vigtige beslutninger skal tages. Der er dog ikke så meget tale om et parlament i ordets oprindelige betydning, som om en folkeafstemning, idet dets opgave ikke er at diskutere politikken, men simpelthen at give opbakning til – eller forkaste – de beslutninger, konsulerne allerede har taget. Man ved meget lidt om denne forsamlings virke, men det er typisk, at jo længere frem vi kommer i tiden, jo sjældnere bliver det indkaldt, og allerede ved *podestà*-funktionens oprettelse er det reelt af marginal betydning. Men nu er *pedites* også ved at få andre kanaler at ytre sig gennem. Den rivende økonomiske udvikling, som i lang tid har karakteriseret Italien, har fostret en ny økonomisk stærk klasse af håndværkere, fabrikanter, købmænd og bankierer, der allerede fra engang i anden halvdel af det 12. århundrede er begyndt at organisere sig i laug og gradvis har opnået politisk indflydelse.

Lige som det gælder for så mange andre institutioner i de italienske kommuner – og i øvrigt for selve kommunen – ved vi ikke præcis, hvornår de enkelte laug opstår eller hvordan. Det eneste, vi kan konstatere, er at dette eller hint laug pludselig dukker op i et dokument. Disse organisationer er fra starten yderst forskellige i såvel indre som ydre styrke. Groft sagt, afhænger laugets magt over egne medlemmer og dets indflydelse på resten af samfundet af, hvor lukrativ den metier, det organiserer, er. Det er således betegnende, at vore første efterretninger om laugene angår uldhandlernes og bankierernes laug, *Arte di Calimala* – det ubetinget mægtigste og rigeste i hele tolvhundredtallet – og siden dem, som senere skal kaldes *Arti maggiori*. Disse syv store laug organiserer så forskellige faggrupper som bankierer, læger, jurister, stoffabrikanter, pelshandlere osv. Deres fællesnævner er, at deres udøvelse kræver en solid startkapital og at de alle kan være yderst indbringende. Desuden indebærer de fleste – og vigtigste – af dem en betydelig international aktivitet, altså uden for Firenzes territorium. Man skal ikke forledes til at tro, at disse syv laug er lige indflydelsesrige, eller at deres medlemmer er lige velstående. Nok er de alle store, *maggiori* – og deres konsuler kommer som sådan senere til at deltage ligeligt i mange politiske sammenhænge – men nogle er mere *maggiori* end andre. I det 13. århundredes sidste halvdel er det således tydeligt, at *Arte di Calimala* og vekselerernes laug, *Arte del Cambio*, på grund af deres store handels- og bankiervirksomhed – og dommernes og notarenes laug, *Arte dei Giudici e Notai*, da deres ekspertise er uundværlig i så mange sammenhænge – overgår andre laug i indflydelse. Mod slutningen af århundredet begynder uldlauget, *Arte della Lana*, for alvor at gøre sig gældende, og i næste sekel skal vi se silkelauget, *Arte di Por Santa Maria* – senere kaldet *Arte della Seta* – blive det mægtigste.

Men ud over disse store og rige laug, som organiserer den merkantile verdens top, er der også en lang række laug, som tager sig af de mere beskedne beskæftigelser. I lang tid kender vi ikke deres antal, men når vi kommer frem til 1282, ved vi, at der eksisterer hele sådanne 25 *Arti minori*. De organiserer håndværkerne, de som arbejder manuelt, og hvis virksomhed hovedsageligt foregår inden for Firenzes mure. Det drejer sig om bagere, stenhuggere, vinhandlere, slagtere, skomagere osv., alle forholdsvis jævne beskæftigelser i forhold til de store laugs indbringende virksomhed, og de indtager derfor også, i al fald frem til 1293, en underlegen position i forhold til *Arti maggiori*. Men også blandt *Arti minori* er der betydelige forskelle i magt og indflydelse. Dette ses tydeligt, da otte af de stærkeste i efteråret 1282 fusioneres til fem laug, for at blive inddraget mere aktivt i det politiske liv. De opnår ved denne lejlighed titel af *maggiori*, men det er karakteristisk, at konsulerne for disse fem laug – ofte kaldet *Arti medie* – kun i visse sammenhænge deltager i det politiske arbejde på lige fod med *Arti maggiori*'s konsuler. Vi ser således i kilderne, at i visse råd deltager *duodecim artes maiores*, men i andre råd forbliver de store laugs antal lang tid syv.

Ved udgangen af 1282 har vi således de syv traditionelle store laug, fem laug der i visse politiske sammenhænge optræder som *Arti maggiori*, men i andre stadig tilhører *Arti minori*, hvis antal nu er nede på 17 (uden de fem). I forbindelse med en kommunal tilståelse af rettigheder gennemgår også flere af disse resterende 17 laug i 1287 en fusion. Deres antal bliver således ni, hvilket skal holde sig i lang tid frem.

Lauget samler alle medlemmerne af den profession, det repræsenterer, eller, rigtigere, så består det af alle mestrene, af ejerne. Hverken arbejderne eller lærlingene har ret til optagelse. Laugets magt over dets medlemmer er stor. Det har ret til at afkræve medlemmerne lån i laugets interesse. Medlemmerne er underlagt laugets jurisdiktion, og de må efterleve de normer og direktiver, lauget vedtager for aktiviteten. Der er heller ikke muligt at unddrage sig denne kontrol, thi laugets medlemmer har eneret på at udøve den pågældende profession.

Mange af disse borgere, primært fra *Arti maggiori*, bliver yderst velhavende, og snart melder trangen sig til at deltage i ledelsen af kommunen. Hvorfor skal det gamle aristokrati, hvis medlemmer ofte ikke er nær så rige som købmændene og bankiererne, have monopol på de højeste politiske embeder?

Primo Popolo 1250-1260
Mod midten af århundredet svækkes kejser Frederik II's position, og kampene mellem ghibelliner og guelfer er hidsigere end nogen sinde før. Også i Firenze strides de store familier indædt, og efter et nederlag i 1249 går de største guelfiske slægter i eksil, hvilket

blot betyder, at kampene nu foregår uden for og ikke inde i byen. I oktober 1250 drager ghibellinerne i felten for at bekrige guelferne, men da de efter et mindre nederlag vender hjem, finder de, at magten er gledet dem af hænde. I deres fravær har befolkningen skabt en ny styreform, siden af Giovanni Villani kaldet det første folkestyre, *Primo Popolo*. Dette navn skal ikke forlede os til anakronismer, for der er ikke tale om et bredt folkestyre, men snarere om en styrket indflydelse for de holdne borgere fra laugene og især disses elite. *Popolo* er et flertydigt begreb i disse år, men når vi taler om den politiske scene, er *Popolo* ensbetydende med de mere eller mindre velhavende borgere, som er organiserede i laugene.

Denne revolution betyder dog ikke de tidligere institutioners undertrykkelse, kun tilføjelsen af nye. Fænomenet, vi kan kalde "parallel organisering", består i, at man så at sige dobler op, og ved siden af *podestà* finder vi nu en *Capitano del Popolo*. Denne *Popolo*'s kaptajn ligner i mangt og meget *podestà*, både hvad angår baggrund og opgaver. Den største forskel er, at *capitano* vælges af *Popolo*'s organisationer, der nu får en repræsentant og beskytter i kommunens ledelse. Fordelingen af kompetence mellem *podestà* og *capitano* er kompleks, men det fundamentale princip er, at alle de vigtigste spørgsmål nu skal vedtages i begges råd.

Derudover skabes også et råd af 12 vise mænd, *Anziani del Popolo*, hvoraf der vælges to fra hver bydel, et geografisk fordelingsprincip vi skal genfinde gang på gang i tidens politik. Men skønt dette råd formelt set er byens fornemste, er dets beføjelser begrænset til det rådgivende. Den reelle magt ligger i *podestà*'s og *capitano*'s råd. En anden vigtig fornyelse er, at byens fodfolk nu organiseres i 20 bevæbnede kompagnier på geografisk basis, alle med eget fane svunget af en bannerfører, *gonfaloniere*, der samtidig er kompaniets anfører. Disse væbnede kompagnier udgør styrets militære basis.

Hvis de ti år under dette *Primo Popolo* ikke just præges af ro og fred, så oplever byen sandelig økonomisk fremgang og territoriale udvidelser. Når man i denne tid – og i hele det 12. og 13. århundrede – taler om territoriale udvidelser, så betyder det dels, at man æder sig ind på nabokommunernes område, men især at man undertvinger de store jordejere, som bebor kommunens territorium, *contado*. Disse herremænd tvinges, med magt eller diplomati, i disse århundreder lidt efter lidt til at acceptere kommunens autoritet. Som oftest indgår som en del af deres underkastelse, at de skal opholde sig i byen et vist antal måneder om året. Denne erobring af byens omgivende sfære skrider frem i forskellige tempi, men tiden under *Primo Popolo* hører til de mest energiske i denne henseende. Det er også sigende, at man i denne periode, i 1252, for første gang slår florinen, der snart skal blive en fælles valuta for storhandel. Med udvidelsen af statsapparatet følger også i 1255 den første bygning beregnet på at huse en offentlig instans, nemlig det *Palazzo del Popolo*, vi i dag kender under navnet *Bargello*.

Fra starten gør det ny styre ikke forskel på guelfer og ghibelliner, men snart viser ghibellinerne sig som de mest stridbare og uregerlige, hvilket i 1258 fører til en sammensværgelse mod regimet. Da denne konspiration bliver afsløret, må de ledende ghibelliner flygte og søge tilflugt i Siena. Denne hændelse, der umiddelbart kunne forekomme en styrkelse af styret, indvarsler afslutningen på *Primo Popolo*. Man søger først at få Siena til at udlevere misdæderne, og da det ikke fører nogen vegne, beslutter man en generaloffensiv mod den ghibellinske højborg. I løbet af sommeren 1260 fylkes ghibelliner og guelfer fra hele Centralitalien i de to byer. I dagene op til slaget den 4. september ser situationen desperat ud for Siena, men den militære lykke er lunefuld, og udfaldet bliver et sønderknusende nederlag for Firenze og guelferne.

De ghibellinske og guelfiske regimer 1260-1280
Snart holder de sejrrige ghibelliner deres indtog i Firenze. De mest prominente guelfer går i eksil, og det ny styre skrider traditionen tro til ødelæggelse af deres ejendom. Alle de institutioner, *Primo Popolo* har skabt, undertrykkes, og man oplever en tilbagevenden til styreformen fra før. De næste seks år beskrives traditionelt som en periode med stilstand, ja næsten tilbagegang. Det er sandt, at denne tid hverken ser stor økonomisk aktivitet eller udvidelser af byens territorium, men det skyldes ikke partout manglende vilje, eller at ghibellinerne står for reaktionære feudale interesser.

Paverne Urban IV og Clement IV sætter nemlig hele deres magt over sjælene og økonomien ind på at omstyrte regimet. I denne destabiliseringspolitik søger paverne at få de florentinske bankierer og købmænd til at fornægte kommunens styre for i løndom at støtte den ekspedition, Charles d'Anjou – pavens *pacificator* – forbereder mod Manfredi. Således kan den franske konges broder, sponsoreret af Firenzes rigeste mænd, i 1266 besejre Hohenstauferen ved Benevento.

Dette bliver signalet til en usikker tid i Firenze. Ghibellinerne indser, at de ikke længere kan monopolisere magten i kommunen, og da en åbning mod de forhadte guelfer er utænkelig, forsøger de et samarbejde med *Popolo*. Snart genopstår institutionerne fra *Primo Popolo*'s tid, men denne indflydelse bliver ghibellinerne for stærk, og de gør oprør, hvilket dog gennemføres så slet, at de må tage flugten. I en kort tid har *Popolo* nu atter magten, dog kun så længe de største guelfiske familier ikke er vendt hjem. Da dette sker i april 1267, skabes et nyt styre baseret på guelfernes organisation, *Parte Guelfa*, med støtte fra Charles d'Anjou, der nu er konge over hele Syditalien.

De kommende 13 år under det guelfiske styre præges atter af økonomisk og territorial fremgang. Ikke så sært, thi det ny styre har både pavens og Charles d'Anjous bevågenhed, og da florentinernes evige rivaler, de sienesiske bankierer, er sat uden for det gode selskab, er vejen banet for fremskridt. Da vi desværre næsten ingen egentlige offentlige politiske dokumenter kender fra denne tid, er styreformen usikker og omdiskuteret. Sikkert er det, at *Parte Guelfa* har en central position i Firenze, men det er uvist, hvorvidt dens råd også udgør kommunes offentlige apparat, eller der blot er tale om, at det er samme kreds af personer, som dominerer begge. Hvorom alting er, udgøres den højeste autoritet i disse år af et råd bestående af 12 gode mænd, *boni homines*, der sidder kort tid ad gangen og udgør byens regering. Ingen af deres forslag kan dog blive til lov uden at opnå flertal i alle rådene, der som under *Primo Popolo* er fire, to under *podestà* og to under *capitano*. Disse to udenbys funktionærers opgaver og kompetencer har ikke skiftet væsentligt, men *capitano* hedder nu *Capitano della Massa di Parte Guelfa* og forsvarer ikke *Popolo*'s, men *Parte Guelfa*'s interesser.

I disse år har de gamle aristokratiske guelfiske familier et afgørende ord i politikken, og de mest prominente ghibellinske familier forbliver i eksil. Denne gruppe på hen ved 3000 mand pønser ustandselig på at generobre magten, og skærmydslerne er mange, men dog ikke på noget tidspunkt truende for styret. Charles d'Anjou gør også sit for at holde striden i live, thi således forbliver guelferne afhængige af hans støtte. Men som reglen i florentinsk politik i denne tid synes at være, må der før eller siden opstå splittelse i den herskende fraktion, og i 1277 kommer det til åben kamp mellem de store guelfiske familier indbyrdes. Kombinationen af ekstern og intern uro bliver et flertal af Firenzes guelfer for meget, og da ghibellinerne efterhånden er særdeles svækkede, begynder guelferne at tage kontakt til dem, for at de sammen kan bede paven om hjælp til at bilægge konflikten.

Hverken Gregorius X eller Nikolaus III deler deres forgængeres begejstring for Charles d'Anjou og ser med bekymring på hans hegemoni over Toscana. Har man virkelig skaffet sig af med huset Hohenstaufen, blot for at en franskmand kan herske over Italien? Derfor tøver Nikolaus III ikke og sender sin nevø, kardinal Latino Malebranca til Firenze for "som fredsengel", *tamquam pacis angelus*, at tilendebringe stridighederne.

Kardinal Latinos fredstraktat 1280-1282
Kardinalen lægger et stort arbejde for dagen for at forlige de stridende parter, og den 18. januar 1280 præsenteres resultatet. Alle domme afsagt i forbindelse med fraktionskampene annulleres, og de forviste ghibelliner skal have lov at vende hjem. Undtaget herfra er dog den ghibellinske elite, hvis tilbagevenden udskydes, indtil man skønner tiden moden, og i mellemtiden udbetales en "understøttelse". Al konfiskeret ghibellinsk ejendom skal tilbageleveres. Og for at udradere enhver partikularisme opløses alle *societates, colligationes aut convitationes*, altså alle foreninger og selskaber bortset fra laugene. For at undgå den gamle kiv om de kommunale embeder, dikterer traktaten, at alle mænd mellem 21 og 70 år skal skrives i mandtal, idet de erklærer sig for guelfer, ghibelliner eller neutrale, så at man kan fordele de politiske poster ligeligt. Alle de gamle fjender skal aflægge ed på at holde fred og kysse hinanden til bekræftelse derpå, men også laugene inddrages som garanter, idet de sværger at ville forsvare det ny styre.

Byens højeste autoritet er nu et råd af *XIIII boni homines*, der sidder en måned ad gangen. De udarbejder, ofte i samarbejde med et vist antal "vismænd", *sapientes* (også kaldet *arroti*, *savi* og *richiesti*), som de selv udpeger, alle de lovforslag, der siden behandles i byens råd. Når lovene er vedtaget, er det de *XIIII*, som sammen med *podestà* og *capitano* sørger for lovenes praktiske gennemførelse. Endelig repræsenterer de *XIIII* også kommunen i udenrigspolitiske sammenhænge. I dette råd burde guelfer, ghibelliner og neutrale ifølge kardinalens plan have været jævnbyrdigt repræsenteret, men de tal, vi kender, viser, at de neutrale aldrig fik en plads, og at ghibellinerne blev forfordelt.

Som antydet hviler den ny forfatning atter en gang på den kendte dobbelte organisering, hvor *podestà* og *capitano* – der nu får navnet *Capitaneus et Conservator Pacis* – har stort set samme opgaver. Begge sidder som formænd for to råd, *Consiglio Generale* og *Consiglio Speciale*, i hvilke ethvert forslag skal vedtages for at blive lov. Der eksisterer tillige et råd med 100 medlemmer, *Consiglio dei 100*, om hvilket vi ikke ved så meget, men en del tyder på, at dets funktioner er knyttet til kommunens økonomiske administration, og at det behandler vigtige forslag om udgifter før de andre råd.

Alt i alt et velartikuleret offentligt apparat, men hvor omhyggeligt den ny konstitution end er opbygget, så hviler den på usikker grund. I den kommunale politiske kultur deler man kun magten, når man er tvunget til det, og hadet mellem de store familier er for rodfæstet til et fredeligt samarbejde. Således ser vi, at "understøttelsen" til de eksilerede ghibellinske ledere snart ophører, og den forudsete tilbagelevering af ghibellinsk ejendom finder aldrig sted.

Hvis ingen af parterne havde modtaget opmuntring udefra, kunne freden måske have holdt længere, men i august 1280 dør pave Nikolaus III og med ham den kompromissøgende politik. Efter seks måneders overvejelser falder valget af hans afløser på den franske Simone Montpince de Brie, alias Martinus IV, hvis politik snart viser sig rabiat antighibellinsk. Dette udløser straks heftige kampe i Romagna, hvor ghibellinerne under Guido da Montefeltros virtuose ledelse tilføjer guelferne nederlag på nederlag. Heller ikke i Firenze lader uroen vente længe på sig. Dette fører i marts 1281 til den første lov, der definerer *magnati* som en bestemt gruppe af befolkningen. En gruppe der her karakteriseres ved sin voldelige og uregerlige livsførelse. Ved den årlige reform af statutterne tilføjer man en lov om, at visse personer, kaldet *magnati*, skal stille en årlig kaution, *sodamento*, på 2000 lire for deres lovlydighed. Hvis de bryder loven, mister de garantisummen. På samme vis indstiftes i juli 1281 en borgervæbning på 1000 mand med det formål at bekæmpe den uro, hvis skyldige især er stormændene, *maxime Potentes vel Magnates*.

Førhen kunne guelferne støtte sig til Charles d'Anjou, men han har nu rigeligt at se til andetsteds, så de må selv søge en løsning. En naturlig allieret finder de i den merkantile verden, som også nødigt ser en ny ghibellinsk dominans. Laugene, og især de syv såkaldte *Arti maggiori*, udgør en solid økonomisk og organisatorisk magtfaktor, hvis medlemmer efter det guelfiske hegemoni 1267-1280 er knyttet til guelferne.

Allerede fra starten af 1281 kan man bemærke, at laugenes politiske indflydelse så småt stiger og at deres repræsentanter i stigende grad konsulteres i vigtige spørgsmål. Denne alliance mellem guelfer og laug kommer snart på en ildprøve, thi i april 1282 spredes nyheden om det sicilianske oprør mod franskmændene. Charles d'Anjou's position er rystet, og ghibellinerne jubler. Vi mangler beklageligvis rådsprotokollerne fra perioden 27. april til 26. juni 1282, men da de atter føres, er en ny institution opstået: Prioratet.

Prioratets fødsel 1282-1283

Det første Priorat indledes den 15. juni 1282 og består af tre medlemmer, der kommer fra tre af *Arti maggiori*. Vi ved endvidere, at disse priorer, som alle de kommende, sidder i embedet to måneder. Vi kender også navnene på disse første priorer og ved, hvilke laug de stammer fra. Det er imidlertid mere problematisk at vurdere, om de sidder som repræsentanter for deres egne laug eller for laugene i almindelighed. Derom er krønikerne uenige, ligesom de ikke kan enes om årsagen til det næste Priorats udvidelse til at bestå af seks priorer. Skyldes dette antal, at priorerne repræsenterer seks af de syv *Arti maggiori*, eller grunder det sig på byens geografiske inddeling? Denne uenighed er videreført af senere tiders historikere og finder næppe sin løsning.

Men hvilke laug, de enkelte priorer end repræsenterer, er det tydeligt, at institutionen fra første færd besidder stor autoritet, og at den nyder guelfernes fulde støtte. Dette er flagrant, da man efter en diskussion af valgproceduren for de kommende *XIIII* den 29. juni beslutter at betro opgaven til *capitano* og priorerne. Indtil nu har man i kilderne talt om syv store laug, *septem artes maiores*, men i efteråret 1282 inddrages, som før omtalt, de otte stærkeste *Arti minori*, efter en fusion til fem, delvis i de oprindelige syvs kreds. Vi skal dog helt frem til 1285, før et af disse nye *Arti maggiori* får en prior i den herostratisk berømte Dino Pecora fra slagternes laug, *Arte dei Beccai*, og indtil 1293 er der langt mellem deres priorer. Hvad *magnati* angår, så kan de som alle andre deltage i Prioratet, blot de er medlemmer af *Arti maggiori* og ikke er riddere. I årene 1282-1292 udgør *magnati* 12-13 procent af priorerne.

I resten af 1282 øges priorernes indflydelse støt. Nok er de *XIIII* stadig det øverste organ, men en gradvis forskydning af kompetence bevidnes af lovforslag fremsat af dem og priorerne i forening eller endog en enkelt gang efter priorernes vilje, *de voluntate Priorum*. I starten af 1283 overhaler Prioratet de *XIIII* som kommunens vigtigste institution. De *XIIII* eksisterer en tid endnu, men deres tid er omme og priorerne overtager nu praktisk taget alle deres funktioner.

Sammen med Prioratet er en anden ny institution opstået eller rettere genopstået. Det drejer sig om en figur, som i mangt og meget minder om den *Capitano del Popolo,* som kommunen havde kendt under *Primo Popolo*. Vi møder første gang denne *Defensor Artium et Arteficum* den 29. august 1282. Hans opgave er, som navnet antyder, at forsvare laugene og deres medlemmer over for kommunens andre autoriteter. I begyndelsen deltager repræsentanter fra alle 32 laug i hans råd. Ligesom priorerne har fortrængt de *XIIII*, afløses *capitano* af denne *defensor*. I januar kommer det til en kompetencestrid mellem på den ene side *capitano* Paolo Malatesta (som skal dø for Francesca da Riminis *bella figura*) og på den anden priorerne og de *XIIII*. Efter kort tid begærer *capitano* sin afsked, hvorpå *defensor* indsværges som provisorisk *capitano* indtil udgangen af april, men snart fusioneres embederne *capitano* og *defensor* til en *capitano-defensor*. Vi ser dog stadig begge sæt råd, men da embedsperioden for *capitano*'s råd udløber den 30. april, fornyes rådene sandsynligvis ikke derefter. De nye råd består som de gamle af henholdsvis 36 og 150 medlemmer, men nu deltager alle laugene ikke længere, kun de 12 *Arti maggiori*.

Hvad *podestà* og hans råd angår, så undergår de heller ikke denne gang væsentlige forandringer. *Podestà* beholder sine beføjelser, og rådene, der oftest stemmer forenede, består stadig af henholdsvis 90 og 300 medlemmer.

Som vi ser, er der strukturelt set ikke så meget tale om en nybygning som om en omkalfatring. De to sidestillede udenbys funktionærer fortsætter deres arbejde med deres dertil hørende råd, og priorernes funktioner minder stort set om de *XIIII*'s. Forskellen ligger ikke i selve opbygningen, men i det grundlag, hvorpå den hviler. Hvor det foregående styre byggede på en diffus basis af guelfer, ghibelliner og neutrale, dér opføres Prioratet på de bedst organiserede laug.

Prioratet
Råd, institutioner og organisationer
Vor viden om Prioratets første tid som enerådende styreform er desværre formørket af en stor lakune i *Consulte* fra slutningen af april 1283 til januar 1285. Hvordan styrets organer udvikler sig og fungerer i denne tid, er derfor overladt til gisninger, og vi tvinges til at genoptage beretningen fra 1285. Men selv om vi intet kender til diskussionernes forløb eller rådenes udvikling, kender vi visse love og mere generelle linier i kommunens politik.

Hvis vi vender blikket mod de 12 laug, der udgør Prioratets organisatoriske basis, så betyder den ny styreform, at de hver især styrker deres indre struktur, får en mere vidtrækkende jurisdiktion over deres medlemmer og hver for sig opbygger en militær organisation. Alle 12 *Arti maggiori*'s konsuler har fra starten deltaget i *capitano*'s to råd, medens de fem nye frem til 1287 kun sporadisk deltager i *podestà*'s råd. Men fra og med 12. juni 1287 ser vi konstant alle de tolvs konsuler som deltagere i alle rådene. Hvad angår de resterende laug, *Arti minori*, så inddrages de kun sporadisk i rådenes arbejde. I 1287 anerkendes de desuagtet som politiske organisationer på linie med de store laug og får ret til at styrke deres indre jurisdiktion, samt til at opbygge en militær struktur.

I forbindelse med den føromtalte lakune i *Consulte* taber vi ligeledes *Consiglio dei 100* af syne. I årene 1280-1282 støder man ganske vist også kun på rådet to gange i referaterne, men når *Consulte* atter kendes i 1285, er det helt forsvundet. Vi må således konkludere, at hvis rådet ikke helt er blevet slettet, har det haft en sekundær betydning i disse år. Vi støder først atter på rådet i efteråret 1289, da det genoplives, eller revalueres, og fremover kræves dets samtykke til alle love, som medfører udgifter af en vis størrelse. Dette sker som led i en reform – kaldet *Ordinamenti canonizzati* eller *Provvisioni canonizzate* – der består af en lang række indgreb med det formål at sanere kommunens finansielle

administration. Svindel og korruption har i lang tid drænet kommunens kasse, og tiden er nu inde til at komme misbruget til livs.
Samtidig føjes muligvis en ny figur til det kommunale apparat. Når jeg siger "muligvis", skyldes det, at såvel krønikerne som historikerne er uenige om datoen for denne institutions fødsel. Lad os blot konstatere, at hvis denne "retfærdighedens bannerfører", *Gonfaloniere della Giustizia*, skabes i 1289, så skal han ikke gøre væsen af sig før i 1293. *Gonfaloniere* er en form for øverste politimyndighed, en mand der kun går i aktion i forbindelse med alvorlige sager og direkte oprør, medens mindre problemer hører under *podestà* og *capitano*. I modsætning til disse skal han heller ikke dømme, men kun se til, at loven respekteres. Til udførelsen af sit arbejde råder han over 1000 fodfolk, udvalgt fra alle byens *sesti*.

Firenzes udenrigspolitik
Hvis man i kommunen Firenze op til 1284 har koncentreret sig om interne spørgsmål og stort set holdt fred med sine naboer, så er perioden 1284-1292 præget af en ret aggressiv udenrigspolitik for at sikre byens økonomiske og territoriale førerposition i Toscana.

I 1284 kommer der kurrer på tråden til Pisa, som har et ghibellinsk styre, og Firenze allierer sig med de guelfiske byer Lucca og Genova. Det kommer dog ikke til kamphandlinger, og da den takket være Dante navnkundige grev Ugolino della Gherardesca i 1285 tager magten i Pisa, daler Firenzes interesse for at fortsætte konflikten. Dette besværliggøres imidlertid af, at florentinernes allierede, der samtidig er vigtige handelspartnere, fortsat ønsker krig. Ved pavens mellemkomst opnår Firenze at få bilagt striden, og fra oktober 1285 er forholdet til Pisa for en tid normaliseret.

Men også mod sydøst truer ghibellinerne, og i løbet af 1285 samler de sig omkring Arezzo, samt i Casentino. I oktober invaderer ghibellinerne det sienesiske territorium og besætter Poggio Santa Cecilia. Hermed trues status quo i Toscana, og de guelfiske kommuner samler sig under Firenzes førerskab. I foråret falder Poggio Santa Cecilia, og ghibellinerne slutter fred med sieneserne.

Indtil nu har det drejet sig om forholdsvis små fægtninger, men i 1287 ankommer en ny kejserlig vikar til Toscana, og effekten på den ghibellinske moral udebliver ikke. I sommeren samme år opnår ghibellinerne med biskop Ubertini i spidsen at sætte sig på

33

magten i Arezzo, og i 1288 falder grev Ugolino for snart efter at udånde i Hungertårnet.

Nu udfordres Firenzes hegemoni i Toscana for alvor, og årene 1288-1292 præges derfor af en permanent krigstilstand, der ikke nødvendigvis giver sig udslag i store ekspeditioner og slag, men i en konstant mobilisering og store udgifter. Firenze beslutter først at koncentrere kræfterne om Arezzo, og i juni 1289 står det berømte slag ved Campaldino. Florentinernes sejr er total, og de kan herefter vende opmærksomheden mod Pisa. Denne krig præges i flere år af små sammenstød samt manglende vilje til de store opgør og ser ikke afgørende sejre.

Disse fire års kamphandlinger sætter deres tydelige spor på kommunens skattepolitik. Det fremherskende skattesystem er en form for formuebeskatning, hvis grundlag er en skønsmæssig vurdering af befolkningens samlede formue. Dette temmelig vilkårlige skøn danner basis for en taksation af den enkeltes ejendom, *estimo*, hvoraf man, når kommunen fattes penge, opkræver en varierende procentsats, *libra*. I Prioratets første ti år revideres det samlede skøn og dets fordeling på de enkelte indbyggere adskillige gange: i 1282, i 1285, i 1288 og atter i 1289.

Udgifterne til krigene er som sagt kolossale, og alene i første halvdel af 1288 udskriver man hele tre *libre*. For ikke at tirre befolkningen for meget, undgår man gennem sidste halvdel af 1289 og i størstedelen af 1290 at opkræve denne direkte skat. Man tyer i stedet til indirekte beskatning og – da dette ikke virker hurtigt nok – til at optage lån med sikkerhed i disse afgifter. Mod slutningen af 1290 må man opgive denne politik og udskriver atter direkte skatter, en praksis som fortsætter frem til 1292, hvor der i første halvdel af året opkræves *libra* hele tre gange.

Alt i alt en ufred som står i kontrast til de følgende to år, 1293-1295, der, skønt de er turbulente inden for Firenzes mure, præges af fred med byens naboer, thi i 1293 stiftes fred med Pisa, og heller ikke de andre kommuner kommer det i disse år til strid med.

La legislazione antimagnatizia
Opmærksomheden omkring *Ordinamenti di Giustizia* har altid været stor, men også i Prioratets første ti år vedtages en række love, som udtrykkeligt retter sig mod gruppen af *magnati*. Den mest interessante af disse års love er udvidelsen af loven om *so-*

damento fra 1281, som vedtages i efteråret 1286. Loven, *De securitatibus prestandis a Magnatibus Civilitatis Florentie*, har de samme krav om at stille garanti for lovlydighed som førhen, men hvor man hidtil har defineret *magnati* fra år til år, udfærdiges nu en permanent liste over familierne, hvis mandlige medlemmer mellem 15 og 70 år skal stille kaution hvert år. Den skærpes desuden, idet man fastslår, at såfremt et medlem ikke stiller garanti, så hæfter hans fader eller broder for ham. Kriterierne for, at en familie defineres som *magnate*, er: 1) eksistensen af en ridder i familien nu eller inden for de sidste 20 år, 2) at den offentlige mening, *opinio vulgo* (sic!) eller *publica fama*, anser familien for at være *magnate*. At bruge denne *opinio vulgo* var i øvrigt gængs retspraksis i de italienske kommuner, hvor et antal vidnesbyrd om den offentlige mening, *probantes de publica fama*, ofte var fældende bevis.

Vi kender tillige en lov, der forbyder *magnati* at købe en del af en *popolano*'s ejendom uden udtrykkeligt samtykke fra sælgerens medejere og naboer, *consortes*, og som samtidig forbyder *magnati* at erhverve nogen form for gældsbeviser udstedt af en *popolano*, med mindre der er tale om et testamente, eller hvis en *magnate* har været garant for en *popolano*. Men hvis historikerne er enige om, at første del af loven kun er en tillempning af den almene lovgivning, og at sidste del diskriminerer *magnati*, så strides de om dens datering til april 1284 eller april 1294.

De foregående love har været møntet på *magnati* som gruppe, men også en lov fra oktober 1286 kan, trods dens mere vage ordlyd, regnes med til *la legislazione antimagnatizia*. Den bestemmer, at *podestà* eller *capitano* kan tvinge dem, der beskadiger eller besætter andres jorder eller ejendom, til at købe disse og idømme dem en bøde på 100 lire. Nok er loven rettet mod alle mægtige, *quemlibet potentem*, men det er let at indse, at *magnati* er langt de sandsynligste potentielle lovovertrædere.

Den revolutionære bevægelse 1293-1295
Når man normalt omtaler tiden fra den 18. januar 1293 til januar/marts 1295 som én periode, er årsagen ikke alene den lovpakke, *Ordinamenti di Giustizia*, som nu hæver lovene mod *magnati* til et nyt niveau, thi den er fortsat i kraft langt ind i næste århundrede. Motivet skal nærmere findes i denne tids nådesløse brug af lovene, hvor myndighederne presset eller bakket op af rasende

masser hellere straffer *magnati* for meget end for lidt. Ordinamenti skærpes hyppigt i denne tid, og store dele af befolkningen tillader ikke, at lovene forbliver tomme ord, men sørger gennem pres eller egen deltagelse for, at disse år former sig som en klapjagt på *magnati*.

De oprindelige *Ordinamenti* består af 22 rubrikker, hvoraf nogle gentager tidligere love, medens andre er helt nye. Vi kan groft inddele dem i tre grupper: 1) de konstitutionelle, 2) de strafferetlige og 3) de der søger at bekæmpe korruptionen.

De konstitutionelle love indeholdes i de fire første rubrikker. Indholdet er, at alle laugene skal knyttes tættere sammen for Firenzes og især laugenes egen storheds skyld, og at alle tidligere pagter mellem kun nogle af laugene forbydes. Endvidere præciseres reglerne om valget af priorerne, hvor restriktionerne er mest interessante. De må ikke være riddere, ikke have været priorer inden for de to sidste år, ikke være i familie med de siddende priorer, ikke være en af laugenes ledere, og skal være aktive inden for deres fagområde. Embedet *Gonfaloniere della Giustizia* skabes, eller får ifølge en anden tolkning først nu politisk indflydelse. Han må ikke være *magnate*, ej heller være i familie med priorerne. Han får stemmeret i priorernes råd, skal bo sammen med dem og forbliver som de i hvervet to måneder. Under hans kommando står 1000 fodfolk, der i tilfælde af uro, eller når priorerne sender bud herom, straks skal begive sig til priorernes bolig og afvente ordrer. I den kommende tid skal denne særlige styrke især bruges for at gennemtvinge lovens ord over for oprørske *magnati*.

Blandt de strafferetlige love må man særlig fremhæve rubrik 5, som fastsætter straffen for en *magnate*, der begår vold mod en *popolano*. Ved mindre grove forseelser forhøjes bødestraffen 100-600 procent i forhold til den almene lov. Er der tale om drab, så er den normale straf i Firenze døden, men opnår man de efterladtes tilgivelse, kan man slippe med en bøde på 2000 lire. Denne mulighed levnes ikke den *magnate*, der har dræbt en *popolano*, og, som det senere pointeres i rubrik 12, kan den skyldige hverken ved betaling eller på anden vis slippe for at få hugget hovedet af – *non possit redimi per aliquam pecuniam vel aliquem alium modum quin capud amputetur eidem*. Efter et sådant drab skal *gonfaloniere* fluks samle sine mænd og begive sig til den (formodet) skyldiges ejendom for straks, *sine dilatione aliqua*, at destruere den. Denne destruktion er for øvrigt i den kommunale retspraksis en normal konsekvens af manglende betaling af bøder og en naturlig straf ved de mest alvorlige forbrydelser, men som regel ventede man dog til, at retten havde talt.

I rubrik 18 strammes reglerne for den årlige kaution, da *magnati* hidtil svigagtigt, *pro multis fraudibus*, har undladt at stille garanti. Nu skal alle mandlige medlemmer mellem 15 og 70 år af de i listen nævnte slægter uden undtagelse stille sikkerhed. Det gælder tilmed de uægte sønner, *qui vulgo bastardi appellantur*. Endnu vigtigere er en regel om, at medlemsskab af et laug heller ikke medfører fritagelse, hvad meget tyder på, at det hidtil har gjort. Den eneste undtagelse gøres for de familier, hvis medlemmer ikke har stillet kaution siden 1287, skønt de officielt har stået på listen.

Det understreges endvidere i andre rubrikker, at *popolani* under trusler om store bøder har pligt til at anmelde *magnati*'s forbrydelser, at processer og domme ifølge *Ordinamenti* ikke kan appelleres, og at *magnati* ikke må betle til bøden, en ellers udbredt praksis.

Lovene til bekæmpelse af korruptionen bestemmer blandt andet, at ingen, der er straffet for bedrageri, må beklæde en offentlig stilling, at folk i vanry, *homines male fame*, ikke må indfinde sig i de offentlige bygninger, og det er strafbart at indgå aftaler med henblik på at få bestemte personer valgt til prior, *podestà*, *capitano* eller *gonfaloniere*.

Disse love og mange andre udgør altså de første *Ordinam̃enti*, men de 22 rubrikker skal indtil juli 1295 vokse og blive til hele 62. *Gonfaloniere*'s kompagni forøges først til 2000 mand, derpå til 4000. *Magnati* udelukkes fra *Consiglio dei 100*, fra *capitano*'s råd, fra Prioratet og fra mange andre embeder (i militæret og i diplomatiet er de dog stadig uundværlige og dominerende). Hvis en *magnate* nægter at stille garanti eller betale en bøde, kan hans fader, sønner, brødre, onkler, nevøer eller farfar tvinges til at gøre det i hans sted. Man bestemmer tillige, at ejendom, der er blevet destrueret ifølge *Ordinamenti*, ikke kan erstattes, selv ikke hvis destruktionen er for omfattende, eller hvis man indser, at kendelsen er forkert. Man vedtager også, at den *publica fama*, der rækker som bevis mod *magnati*, kan etableres ved blot to gode *popolani*'s udsagn. Også lovene rettet mod korruptionen og tilegnelsen af offentlige midler udvides i stor stil.

Medens straffeloven i disse to år udvides eksplosivt, så ser kommunens struktur næsten statisk ud. Ser vi bort fra *gonfaloniere*, forbliver alle rådene de samme, og deres kompetence forandres ej heller. Som vi just har set, er det til gengæld ikke mere helt de samme personer, der deltager i dem. *Magnati* er udelukket fra næsten alle råd, hvorimod de mindre laug øger deres betydning. Således vedtages det, at mindst ét medlem af hvert Priorat skal komme fra et af de fem *Arti medie*, og i 1294 ser vi to gange konsulerne fra alle de 21 laug deltage i *capitano*'s råd.

Primus motor i disse års revolutionære bevægelse er Giano della Bella, denne mystiske person fra en adelig familie, hvis medlemmer er organiserede i det mægtige *Calimala*. Mange af skærpelserne af *Ordinamenti* hidrører fra de to måneder, hvor han sidder som prior, men også, når han intet fremtrædende embede besidder, er han åbenbart bevægelsens leder. Krønikernes beskrivelser af ham er fascinerende, og især Dino Compagni har gjort sit til at udødeliggøre ham. Men selv en karismatisk og retskaffen mand som Giano kan gå for langt. Årsagerne til hans fald er mange, men kort sagt lader det til, at han rager uklar med for mange indflydelsesrige grupper på én gang, hvilket hans iltre temperament nok har bidraget til. I januar 1295 flygter han fra byen efter en tumult, han er blevet beskyldt for at stå bag. Ikke så snart er han uden for bymuren, før hans fjender får ham dømt, og han må som så mange andre store florentinere ende sine dage i eksil.

Efter Gianos fald mister bevægelsen al sin styrke, og den 5. juli anser *magnati* situationen for sikker nok til at vove et oprør. Vi kender ikke hændelsesforløbet, men hvad enten det kommer til kamp eller ej, så reformeres *Ordinamenti* dagen derpå, og en lang række lempelser indføres. Nu gøres også frifindelser af *magnati* inappellable. Listen over *magnati* indskrænkes en smule og gøres permanent (hidtil har priorerne kunnet tilføje nye familier efter forgodtbefindende). Kun forsætlige lovovertrædelser falder nu ind under *Ordinamenti*, og *popolani*, der blander sig i *magnati*'s indbyrdes strid, står heller ikke længere under særlovens beskyttelse. Mildere vold falder heller ikke længere under *Ordinamenti* (hvor en lussing før havde kunnet udløse en bøde på størrelse med prisen for et *palazzo*). Endelig kan riddere stadig ikke deltage i Prioratet, men andre *magnati* kan gennem indskrivelse i et af de store laug blive valgbare.

Hvad har det 13. århundrede bragt med sig i Firenze? Først og fremmest er byens befolkning fordoblet, og socialt set er den langt mere kompleks end ved indgangen til århundredet. Den rivende økonomiske blomstring har medført, at det produktive borgerskab – især dets mest velhavende gruppe bestående af handelsmænd, fabrikanter og bankierer – har fået en stadig mere fremtrædende rolle i byen. Denne udvikling er ikke jævn eller uden undtagelser, men tendensen er klar: Store formuer modsvares af stor indflydelse. Men ikke kun befolkningen er vokset og blevet mere kompliceret. Det samme gælder kommunens institutionelle struktur. Gennem hele århundredet ses en tendens til en mere udbygget og uafhængig kommune, der hævder sin autoritet over by og land. Ganske vist er privat retshåndhævelse stadig særdeles hyppig, ganske vist er stridighederne mellem guelfer og ghibelliner kun ophørt gennem den ene gruppes undertrykkelse, og ganske vist skal kampene mellem *Bianchi* og *Neri* snart atter kaste byen ud i borgerkrig. Men udviklingen mod en mere suveræn *res publica* er under alle omstændigheder en af denne tids mest karakteristiske træk.

IV. *Magnati* og *popolani* i historieskrivningen siden 1899

Gaetano Salvemini

I 1890 kommer en purung syditaliener ved navn Gaetano Salvemini til Firenze for at studere historie. Efter kun to år i byen begynder han, i en alder af 19 år, at skrive indlæg til det anerkendte *Archivio Storico Italiano* på linie med sine professorer, og kort efter forsvarer han sit speciale om ridderværdigheden i Firenze. Specialet udgives snart som bog og udgør endnu, skønt det på flere områder er forældet, en fornøden reference for enhver, der beskæftiger sig med emnet[28].

I 1894 opnår Salvemini sit *diploma di perfezionamento* med et speciale, der omhandler kampen mellem "partierne" i Firenze 1280-1295 og skabelsen af *Ordinamenti di Giustizia*,[29] et arbejde, der efter hans eget senere udsagn er kraftigt påvirket af den marxistiske tankegang, som han på den tid er en varm tilhænger af.[30] Grundigt revideret danner dette speciale grundlaget for den bog, der skal udkomme fem år senere og helt ændre opfattelsen af kampen mellem *magnati* og *popolani*.[31] Bogen modtages af et enstemmigt kor af bifald. Salveminis forklaringer og sprog er krystalklare, og hans slutninger underbygges altid samvittighedsfuldt af et righoldigt kildemateriale. Der males for øjnene af os en stor fresko over det offentlige liv i Firenze, hvor indbyggerne tilhører klasser med nøje definerede økonomiske og politiske interesser, som de handler ud fra. Bogen udgør en milepæl i historieskrivningen omkring Firenzes Middelalder, for skønt det ikke er første gang, man benytter klassekamp som en forklaringsmodel,[32] og selvom historieskrivning på grundlag af dokumentariske kilder også er set før,[33] så har ingen før fremstillet de sociale strukturer og motiver på en så klar måde. Ingen har før leveret en så åbenbar materialistisk analyse af Firenzes historie, en materialisme hvis marxistiske grundlag dog forbliver implicit og aldrig giver sig udslag i referencer til Marx eller i brug af marxistisk terminologi.

Salvemini udgør sammen med Gioacchino Volpe eliten i de næste årtiers såkaldte økonomisk-juridiske skole, *la scuola economico-giuridica*, hvor også historikere som Romolo Caggese, Niccolò Rodolico og Gino Luzzato, mere eller mindre udtalt, anvender historisk materialisme som forklaringsmodel, ofte med en forkærlighed for den italienske Middelalder. Det sidste gælder dog ikke Salvemini, der snart skal kaste sin kærlighed på andre perioder, såsom Den Franske Revolution og sin egen samtid, og desuden virke som tidsskriftredaktør og blive en fremtrædende antifascistisk politiker.

En ny opfattelse af kampene i Firenze
Salveminis udgangspunkt for analysen af perioden 1280-1295 er, at så godt som alle moderne historikere (især siden Scipione Ammiratos *Istorie fiorentine* fra 1600) har fejlfortolket en række grundlæggende forhold i kommunen Firenze og derfor ikke har kunnet levere en tilfredsstillende forklaring på hændelsesforløbet. For det første har man traditionelt set guelfer og ghibelliner som ideologisk baserede fraktioner, hvilket intet har på sig; man valgte ikke side i denne strid på grund af kærlighed til paven, kejseren eller den nationale selvstændighed, men af simple egennyttige motiver. For det andet har man opfattet guelfer og *Popolo* som to sider af samme fremskridtsvenlige medalje, medens ghibellinerne repræsenterede adelens reaktionære interesser. I virkeligheden udgør *Popolo*, ghibelliner og guelfer tre selvstændige partier i kampen om magten i kommunen, og de to sidstnævnte har langt mere tilfælles, end *Popolo* har med nogen af dem, al den stund de repræsenterer to fraktioner af adelen.[34]

At *Popolo* udgør et tredje parti, ses tydeligt under *Primo Popolo* 1250-1260, hvor *popolani* besidder magten og i starten behandler guelfer og ghibelliner ens. Når *Popolo* siden fører en hårdere politik mod ghibellinerne, skyldes det, at de har vist sig mere stridbare og ikke i så høj grad som guelferne været villige til at acceptere *Popolo*'s styre. På samme vis er det rigtigt, at der er *popolani*, som følger guelferne i eksil i 1260, men det samme er tilfældet, da ghibellinerne udvandrer i 1266. Disse relativt få *popolani* har på den ene eller den anden måde knyttet sig til adelen og udgør ikke et selvstændigt parti. Adelens strid er fremmed for størstedelen af *Popolo*, der forfølger et eget politisk mål. Dette ses atter, da det ghibellinske styres krise i 1266 muliggør en mere aktiv rolle for *Popolo*. Efter en alliance med ghibellinerne tager *Popolo* selv magten over kommunen og genindfører institutionerne fra *Primo Popolo*'s tid, noget der annulleres, da guelferne kommer tilbage og indfører et fraktionsstyre.[35] Regimet 1267-1280 er derfor ikke et udtryk for *Popolo*'s interesser, men udelukkende for det guelfiske aristokratis dominans.

Kardinal Latinos fred bringer ikke striden mellem ghibelliner og guelfer til ophør, men den betyder enden på det guelfiske hegemoni i kommunen, og den fornyede konkurrence mellem adelens to fraktioner betyder en stærkere position for *Popolo*. Resultatet af denne nye situation bliver, at den centrale konflikt fremover ikke mere står mellem ghibelliner og guelfer, men mellem *Popolo* og adelen. En kamp som ender med en sejr til *Popolo*'s stærkeste laug, men som også betyder, at de mere ydmyge laug vil øge deres magt i forhold til eliten, for til sidst selv at deltage i ledelsen af kommunen.

Magnati og *popolani*
Salveminis første skridt til at analysere denne konflikt er at tegne et portræt af aktørerne. Skønt kilderne bruger mange navne for *Popolo*'s modstandere, må *magnati* foretrækkes, da det dækker bedst. Til forståelsen af dette navns indhold findes både en lov og en liste over de slægter, som udgør *magnati*. I lovens definition mener Salvemini, at hovedvægten må lægges på eksistensen af en ridder inden for familien. Ridderværdigheden er på dette tidspunkt ikke længere adelens privilegium, men er også blevet erhvervet af mange rige familier af merkantil herkomst, hvilket medfører, at *magnati* består af en blanding af gammelt aristokrati og nyt plutokrati.[36] Dette bekræftes til fulde af de lister over *magnati*, man kender til. Heri optræder både ghibelliner og guelfer, gamle adelige slægter og parvenuer, og halvdelen kommer fra landet, halvdelen fra byen. Ud fra et nærmere studie af navnene kan man tegne et portræt af denne gruppe:[37]

1) De rigeste jordejere er *magnati,* og de må have ejet størstedelen af jorderne på landet.

2) *Magnati* fra byen ejer hen ved halvdelen af Firenzes huse og tårne.

3) Cirka en tredjedel af *magnati* er købmænd og bankierer fra *Arte di Calimala*.

Hvad *Popolo* angår, så kan dette udtryk dække flere forskellige størrelser, alt efter tid, sted og sammenhæng. En betydning er således alle kommunens indbyggere i by og på land, undtagen *magnati*, og sådan benyttes ordet senere i lovgivningen for at beskytte borgerne mod *magnati*. Men når det gælder kampen om magten i kommunen, angiver *Popolo* alle medlemmerne af laugene, det fællesskab som er *magnati*'s modstander.[38] Med i dette *Popolo* er kun mestrene fra laugene, hvorimod lærlinge, arbejdere og hele landbefolkningen i denne periode ingen politisk indflydelse har. *Popolo*'s elite udgøres af de syv *Arti maggiori*, de store laug som, trods meget forskellige beskæftigelser, har den fællesnævner, at deres udøvelse kræver en solid startkapital og at de kan indbringe meget store formuer. Hvad enten det drejer sig om bankiervirksomhed, uldforarbejdning eller diverse former for storhandel, så udgør dette "fede folk", *Popolo grasso*, som det kaldes i samtiden, kommunens industrielle og kommercielle overklasse.[39]

Set på denne baggrund konkluderer Salvemini, at konflikten mellem *magnati* og *Popolo grasso* ikke skyldes det had og de personlige ambitioner, som krønikerne og størstedelen af historieskrivningen har peget på. Der er derimod tale om en absolut modsætning mellem økonomiske interesser, hvor den ene parts sejr må føre til den andens ødelæggelse.[40] Sagt på en anden måde, så repræsenterer *magnati* ejerne af den immobile ejendom, og deres indkomster kommer primært fra dennes afkast, medens *Popolo grasso* står for den mobile kapital, hvis overskud afhænger af dygtighed og lave omkostninger. Den strid, som deraf nødvendigt følger mellem *magnati* og *Popolo grasso*, giver sig mange udtryk, men tre områder er af særlig stor vigtighed:

1) Forsyningen af levnedsmidler. Firenzes befolkning er vokset eksplosivt, og manglen på fødevarer medfører mange tvangsindgreb fra kommunens side, indgreb som især rammer *magnati*'s interesser, eftersom de er ejere af de store landbrugsejendomme. Dette er et udslag af den evige kamp mellem forbrugere og producenter, hvor *Popolo grasso* som ledere af kommunen repræsenterer resten af befolkningens interesser.[41]

2) Også prisen på leje af lokaler til forretning og industri er steget som følge af befolkningseksplosionen. Da *magnati* er udlejere af en stor del af disse lokaler, og laugenes medlemmer er lejere, er også dette en årsag til konflikt.[42]

3) Fordelingen af skattebyrden i kommunen udgør en tredje årsag til strid mellem *magnati* og *popolani*. Det fremherskende beskat-

ningssystem, *libra*, er ganske vist baseret på betaling af en procentsats af formuen, men eftersom denne ikke opgøres præcist, men skønnes løst, *estimo*, er der rig mulighed for at fordele byrderne politisk.[43]

Kampen mellem *magnati* og *popolani* er altså ikke et udslag af personlige stridigheder, men en uundgåelig følge af udviklingen i Firenzes økonomi og indbyggertal.[44] *Magnati* var fra gammel tid vant til at være priviligerede og havde utvivlsomt svært ved at acceptere *Popolo*'s ny position. Desuden havde *magnati* gode grunde til at kæmpe for deres økonomiske position, thi også for dem var leveomkostningerne steget voldsomt, ikke mindst som følge af ridderkulturens stigende krav til dekorum og pragt. Men *popolani* kan heller ikke vige og tillade, at *magnati* afkræver dem høje huslejer, kun betaler lave skatter og opnår høje priser på deres landbrugsafgrøder, og således udhuler de formuer, som *popolani* møjsommeligt har skrabet sammen. Det er fremskridtet, der står på spil i denne konflikt, thi hvis *magnati*'s dominans var fortsat, ville akkumulationen af kapital ikke have kunnet finde sted: Den store produktion og den internationale handel ville aldrig have set dagens lys.[45]

Skønt dette for Salvemini er konfliktens inderste væsen, så understreger han, at andre årsager også har kunnet spille ind, og at to modstandere i en så nådesløs kamp nødvendigvis må hade hinanden. Kampen må koncentrere sig om herredømmet over kommunen, og i betragtning af periodens politiske kultur må den ofte være voldelig. Således kan man forstå krønikernes beretninger om personligt had og kamp om de politiske hverv, men hadet, volden og konkurrencen er virkninger af den dybereliggende konflikt, ikke dens årsager, som skal findes i de økonomiske interesser.[46]

Den politiske magt i en middelalderkommune afhænger altid af den nødvendige styrke til at opnå og beholde den fysiske magt, og derfor er en analyse af parternes militære ressourcer vigtig for at forstå konfliktens udvikling. Man kan hurtigt konstatere, at *Popolo grasso* og *magnati* numerisk set er nogenlunde jævnbyrdige, men mange andre faktorer end antallet spiller ind. På den ene side er *magnati* toptrænede krigere med fuld rustning, flere stridsheste, store arsenaler og mange håndgangne mænd, men dette mere end opvejes af ulemperne. *Magnati* er nemlig indbyrdes splittede på kryds og tværs, og halvdelen af dem bor på landet, hvilket vanskeliggør koordineringen betydeligt. På den anden side har *popolani* nok ikke *magnati*'s militære kvaliteter, men de er forenede, og laugene har en stærk intern organisering. Når man dertil lægger, at *magnati*'s udrustning og træning nok er uvurderlige ved et åbent feltslag, men sekundære ved en kamp i de snævre gyder, synes *Popolo grasso*'s sejr givet på forhånd.[47]

Men *magnati* og de store laugs medlemmer er ikke alene i byen. Den tredje aktør hedder *Popolo minuto* og består, som navnet antyder, af alle de mindre betydende laug, der endnu ikke er stærke nok til at handle som et selvstændigt parti, men alligevel så betydningsfulde, at deres støtte er uundværlig for den af parterne, som vil vinde.[48] Disse *Arti minori* organiserer håndværkerne, hvis arbejde altid foregår inden for Firenzes mure og derfor ikke frembyder de muligheder for indtjening, som *Arti maggiori*'s medlemmer har med deres internationale virksomhed, og derfor heller ikke den samme politiske indflydelse. De er altså ikke stærke nok til selv at kunne lede kommunen, men betydelige nok til at være afgørende for balancen mellem *magnati* og *Popolo grasso*. Denne situation søger disse mindre laug efter bedste evne at udnytte til egen fordel, og gennem Prioratets ti første år opnår de stedse større indflydelse for til sidst at dominere kommunens politik 1293-1295.[49]

Denne nuancering af begrebet *Popolo* er imidlertid ikke tilstrækkelig, thi et par af de store laug indtager ambivalente standpunkter i kampen mod *magnati*. Dette gælder dommernes og notarenes laug, *Giudici e Notai*, hvis medlemmer gennem tradition og selvagtelse føler sig nærmere knyttet til aristokratiet end til *Popolo*, men hvis karriere afhænger af at stå på god fod med kommunens ledelse. Derfor fastholder denne faggruppe forbindelser til *magnati*, indtil *Popolo*'s sejr er definitiv, og i Firenze, hvor *Arti minori*'s position betyder en konstant uro, er de endnu mere tvivlrådige end andetsteds.[50] Et endnu mere problematisk tilfælde udgøres imidlertid af det mægtige *Arte di Calimala*, som uden sammenligning er det mest betydningsfulde og rigeste af laugene. Dette laug repræsenterer et meget forstyrrende element i *Popolo*, eftersom dets medlemsskare tæller mange *magnati*, som ydermere ofte har økonomiske og familiemæssige bånd til deres laugsbrødre. Dette gør, at mange personer, som burde stå på *Popolo*'s side, solidariserer sig med *magnati*.[51] På grund af denne moderate og *magnate*venlige fraktion i deres midte kan *Popolo grasso* kun gennemføre mere radikale indgreb mod *magnati* med *Popolo minuto*'s støtte. Men prisen for denne støtte – i form af politiske indrømmelser – forekommer ofte de store laug for høj, og det kommer under Prioratets ti første år aldrig til en stabil alliance mellem *Popolo*'s to dele. Tværtimod kendetegnes perioden af, at *Popolo grasso* det ene øjeblik tildeler *Arti minori* privilegier, det næste øjeblik trækker dem tilbage igen, hvorpå det snart efter lover nye indrømmelser etc. *Popolo grasso*'s politik går i disse år ud på at holde *magnati* i ave ved hjælp af støtte fra de mindre laug, idet de søger ikke at give disse for stor indflydelse.[52]

Denne ustabile situation præger det politiske liv. De skiftende alliancer har altid *Arti maggiori* som midtpunkt, men da de hverken kan dominere *magnati* alene eller er villige til at betale den pris, *Popolo minuto* kræver for en varig støtte, vil uro være dagens orden i kommunen. Det er denne analyse af aktørerne og deres indbyrdes forhold, som danner grundlaget for Salveminis undersøgelse af politikken i Firenze 1280-1295.

Kommunens politiske scene 1280-1292

I tiden fra 1267 til 1280 har *Popolo* fristet en kummerlig tilværelse, eftersom den politiske magt har ligget solidt i hænderne på det guelfiske aristokrati. Men med kardinal Latinos fredstraktat vender ghibellinerne hjem, således at det nu er et splittet aristokrati, der kæmper om magten. Styrkelsen af ghibellinerne giver *Popolo* en ny position som tungen på vægtskålen. For at standse ghibellinernes fremmarch ser guelferne sig nødsaget til at indgå et samarbejde med *Popolo*, en alliance som munder ud i Prioratet, hvor guelferne bliver forfordelt. For at være valgbar til Prioratet skal man nemlig dels være indskrevet i et laug og reelt udøve den pågældende metier, dels må man ikke være ridder. Hvor den sidste betingelse udelukker mange *magnati* fra begge sider, tillader den første deltagelse af de mange guelfer, der er købmænd og bankierer. Ghibellinerne, der ikke har villet samarbejde med de store laug, afskæres derimod fuldstændigt fra deltagelse. Alt dette sikrer *Popolo*'s dominans.[53] Der er i første omgang tale om en alliance mellem de syv *Arti maggiori* og guelferne, men da ghibellinerne begynder at bejle til *Arti minori*, inddrager man gradvis de fem største af disse, *Arti medie*, i styret.[54] Resultatet af Prioratets indførelse er, at ghibellinerne bliver elimineret politisk, så man har tre aktører tilbage på Firenzes politiske scene: de guelfiske *magnati*, *Popolo grasso* og *Popolo minuto*.

Hvad angår de tre centrale konfliktområder mellem *magnati* og *popolani*, ser man, hvorledes det ny styres politik præges af indgreb, som skader *magnati*'s interesser. Kilderne tillader ganske vist ikke at vurdere, om det lykkes laugene at få indført love, der regulerer huslejerne, men til gengæld ved man, at der indføres en meget restriktiv politik angående eksport af fødevarer. Friheden til at sælge til hvem og til de priser, man ønsker, begrænses kraftigt, hvilket skader *magnati*, som er de største producenter.[55] Også på skatteområdet sørger *Popolo* for, at vurderingerne sker på *magnati*'s bekostning. Allerede i 1282 foretages den første af sådanne reformer af *estimo*, og da man i 1285 laver et nyt skøn, vedtages det, at vurderingen på landet skal opdeles mellem *magnati* og resten. Nu må *magnati* selv indbyrdes fordele byrden og kan ikke presse andre til at betale for sig.[56]

Ud over disse økonomiske indgreb søger *Popolo* også at disciplinere *magnati* gennem *la legislazione antimagnatizia*. Allerede de love, der indføres i 1281 om kaution og borgervæbningen, har vist, hvilken vej politikken skal bevæge sig i disse år. Denne lovgivning er ofte blevet set som ekstraordinær, men der er i virkeligheden tale om velkendte principper fra det kommunale retssystem, hvilket Salvemini lægger et stort arbejde i at bevise gennem henvisninger til Firenzes og andre kommuners ordinære lovgivning.[57] Så lang tid *Popolo grasso* dominerer, forbliver indgrebene forholdsvis moderate, og indtil *Ordinamenti di Giustizia* må det understreges, at det kun drejer sig om love, der søger at få *magnati* til at respektere den fælles lovgivning.

Hvorom alting er, kan disse indgreb ikke undgå at udæske *magnati*. Allerede i 1284 kommer det til et brud mellem guelferne og *Popolo*, og årene fremover præges af mange uroligheder fra *magnati*'s side.[58] Indtil 1287 ligger magten solidt i *Popolo grasso*'s hænder, men i den kommende tid styrkes *magnati* i en sådan grad, at *Popolo grasso* må støtte sig stedse mere til *Popolo minuto*. Det første skridt i denne retning ser man i juni 1287, da de store laug ser sig nødsaget til at lade de fem *Arti medie* deltage i *podestà*'s råd, hvor de før kun har deltaget i *capitano*'s råd. På samme vis styrkes forholdet til de ni *Arti minori*, som nu får ret til at organisere sig militært.[59]

Man ved kun lidt om kampene mellem partierne i 1288 og i en god del af 1289, men krigen mod ghibellinerne i Arezzo må have styrket *magnati*, der jo i enhver krig er de ubestridte og uundværlige eksperter. Efter sejren ved Campaldino i juni 1289 oplever Firenze således en kort tid med *magnati*'s hegemoni, hvilket blandt andet fører til, at de på ny begynder at deltage i *capitano*'s råd, hvorfra de var blevet udelukket i 1285, og til en ny *estimo* til skade for *Popolo*.[60] *Popolo grasso*'s modtræk er at indlede et tættere samarbejde med *Popolo minuto*. Dette kommer til udtryk i indførelsen af embedet *Gonfaloniere della Giustizia* og en milits på 1000 fodfolk, hvis opgave er at tvinge *magnati* til lovlydighed. På det økonomiske område indfører man i september 1289 de såkaldte *Provvisioni canonizzate*, der har til formål at standse misbruget i kommunens administration og af kommunens rettigheder, et tiltag, der først og fremmest skader *magnati*.[61]

Disse indgreb rækker dog kun til at svække *magnati* lidt, da deres position i disse år styrkes af krigen mod det ghibellinske Pisa. *Magnati*'s styrkede stilling afspejles af diskussionerne i rådene, der præges af stor uenighed, og hvor priorernes forslag ofte afvises. Perioden må have udgjort en lang bølgen frem og tilbage mellem *magnati*'s og *popolani*'s politiske dominans.[62] I hele denne periode finder Salvemini ikke én enkelt lov til *Popolo*'s fordel. Først i anden halvdel af 1292 fornemmes en vis forskydning i *Popolo*'s favør i rådene. I oktober og november føres der en ophedet debat om valgproceduren for det kommende års prioer. *Popolo minuto*'s radikale forslag vinder ikke gehør, og resultatet bliver en ganske konservativ og moderat løsning. Salvemini mener, at der efter denne debat opstår bitterhed mellem *Popolo minuto* og *Popolo grasso*, og eftersom *Popolo grasso* er afhængig af de mindre laugs støtte over for *magnati*, vedtages *Ordinamenti di Giustizia* for skabe forbrødring og styrke sammenholdet mellem laugene.[63]

Popolo minuto's triumf og fald 1293-1295
Disse forhold afspejles i den første udgave af *Ordinamenti*, der ikke ubetinget udtrykker hverken den ene eller den anden del af *Popolo*'s ambitioner, men udgør et kompromis mellem *Popolo grasso*'s moderate linie og *Popolo minuto*'s mere radikale.[64] Men selv om stramme bestemmelser veksler med formildende faktorer, og en del rubrikker blot gentager eller reformerer allerede gældende

love, ser man nu for første gang ekstraordinære love mod *magnati*.[65] Det moderate islæt skal dog snart ændres, thi *magnati* reagerer med trusler og sætter hårdt mod hårdt. *Popolo grasso* svækkes desuden, fordi mange medlemmer af de store laug – især *Calimala* – med ét bliver erklæret *magnati*. Derfor må *Popolo grasso* i endnu højere grad støtte sig til *Popolo minuto*, og man får en situation, hvor de mindre laug dominerer og opnår mange politiske indrømmelser.[66] Denne dominans medfører stramninger og udvidelser af *Ordinamenti*, og især det Priorat, hvori Giano della Bella deltager, skærper linien gennem mange tiltag både direkte mod *magnati* og for at sanere kommunens administration.[67] Men mange mægtige grupper ser deres interesser truet af *Popolo minuto*'s hårde linie og bekæmper den, så godt de kan. *Magnati* er selvklart dødsfjender af det ny regime, men også dommerne ser sig truet af nye reformer. Mange fra *Popolo grasso* frygter, at de snart står for skud, og tilmed slagterne, *Popolo minuto*'s avantgarde, underminerer styret og bidrager til Gianos fald, fordi de er så kompromisløse i deres krav.[68]

Efter Giano della Bellas flugt ser man atter et eksempel på det spil, der kendetegner kampen mellem de sociale grupper. Nu overtager *Popolo grasso* igen ledelsen af kommunen, og gennem revisionen af *Ordinamenti* den 6. juli 1295 skabes en alliance med en magtfuld gruppe, der før er blevet behandlet som *magnati*. Herved genskaber *Popolo grasso* den magtbasis, det havde mistet med Gianos flugt, men i en helt ny konstellation bestående af rige og mægtige indbyggere, der nu gennem en simpel indskrivelse i laugene kan deltage i Prioratet.[69] Enden på denne periode bliver, at *Popolo minuto*, efter en kort tid på toppen, atter bliver tvunget ned i en sekundær position i kommunens politik. Men ustabiliteten i kommunen fortsætter, eftersom alle partierne stadig eksisterer og stadig stræber efter den politiske magt.

Når man i dag skal vurdere værdien af Salveminis arbejde, kan det ikke undgås, at man er påvirket af den senere kritik, men den begejstring, bogen vakte ved sin fremkomst, kan alligevel ikke undre. Salveminis fremstilling har alle de kvaliteter, man kan kræve af et akademisk arbejde: en klar form uden tvetydige formuleringer, fyldige henvisninger til kilderne, et grundigt appendiks med flere af de vigtigste kilder og en gennemført logik.

Ethvert historisk arbejde vil med tiden, på visse områder, blive forældet, idet kendskabet til kilderne forbedres, andre aspekter inddrages, og fordi de store strømninger inden for historiografien, paradigmerne, ændres. Men hvor mange angreb, der end siden er blevet rettet mod Salveminis arbejde, så repræsenterer det en eksemplarisk måde at fortolke historien på, og som sådant vil det altid have værdi, ud over at være det værk, der har sat dagsordenen for hele debatten, og som ethvert senere studie har måttet forholde sig til.

For Salvemini er der én grundlæggende årsag til konflikten mellem *magnati* og *popolani,* og bredere til hele menneskehedens historie: økonomien og de roller, menneskene indtager i den. I det 13. århundredes Firenze er adelen, som har udgjort den herskende klasse under feudalismen, på retur, fordi en ny produktionsmåde, en begyndende kapitalisme, er på fremmarch. Denne nye klasse af producenter, købmænd og bankierer har på dette tidspunkt overhalet adelen i rigdom og vil nu have en politisk position, der svarer til dens økonomiske formåen. Dette er i en nøddeskal årsagen til kampen mellem *magnati* og *popolani*: kampen om den politiske magt mellem to klasser, der repræsenterer hver sin produktionsmåde. I grunden er det ny borgerskab stærkere end adelen, men eftersom ingen af de to klasser er homogene, opstår der det spil af vekslende alliancer mellem deres dele – guelfer, ghibelliner, *Popolo grasso* og *Popolo minuto* –, som ligger til grund for ustabiliteten i perioden 1280-1295.

Disse grupper ses af Salvemini som "partier" med faste programmer, som de søger at virkeliggøre gennem erobringen af ledelsen af kommunen. Især dette aspekt af Salveminis fremstilling kan i dag let forekomme os for skematisk, for mekanisk, men det skal understreges, at han samvittighedsfuldt påpeger de mange nuanceringer, der eksisterer af disse klasser. *Popolani* kan slutte op om aristokratiets fraktioner på grund af personlige forbindelser, der overtrumfer deres klasses objektive interesser, aristokrater kan slutte sig til *Popolo*, flere grupper inden for *Arti maggiori* solidariserer sig med *magnati*, slagternes handlemåde er ikke altid rationel i forhold til deres interesser osv. Alle disse faktorer forstyrrer og slører den fundamentale konflikt mellem klasserne, og de internationale forhold har også stor betydning for udviklingen, men fundamentalt er det de økonomiske interesser

– og derfor striden om den politiske magt til at fremme dem – som er ledetråden i udviklingen.

Nicola Ottokar

Der skal som sagt gå mange år, før Salveminis fortolkning udfordres. Robert Davidsohn udsender ganske vist i disse årtier sine voluminøse værker om Firenzes historie, hvori han bestrider enkelte punkter i Salveminis analyse, men han deler det grundlæggende syn på konfliktens parter og dens årsager.[70] Hvor Salvemini havde skrevet en politisk analyse af en kort periode, betoner Davidsohn en nøje kronologisk fremstilling af alle de hændelser og data, han har kunnet opsamle om Firenzes historie i hele Middelalderen, men uden at det, som hos Salvemini, giver sig udslag i forsøg på at fastlægge styrkeforholdet mellem *magnati* og *popolani* på forskellige tidspunkter.

Det må ses som udtryk for skæbnens ironi, at den, der skal udfordre dette marxistisk inspirerede syn, er en russisk emigrant, som i 1925 har overtaget den eksilerede antifascist Salveminis professorat i middelalderhistorie ved Firenzes universitet. Arkivaren Nicola Ottokar er født i Sankt Petersborg i 1884, og fra 1916 beklæder han et professorat i Perm, hvor han udgiver en bog om de franske byer i Middelalderen, der udfordrer den hidtil dominerende fortolkning. Men derudover ved man så at sige intet om ham, før han i begyndelsen af 1920'erne kommer til Firenze.

I 1926 udkommer hans første bog på italiensk.[71] Ottokar har analyseret den samme periode og samme problematik som Salvemini, og resultatet kan kort beskrives som én lang polemisk gennemgang af Salveminis værk. Bogen tager således udgangspunkt i en kort beskrivelse af begivenhederne omkring Prioratets fødsel for derpå at analysere dets herskende klasse, *il ceto dirigente*, og konkludere, at den er betydelig mere kompleks, end Salvemini havde ment. Efter at have tilbagevist Salveminis påstand om Prioratets natur som klassebaseret, afviser Ottokar systematisk alle de påståede årsager til konflikt mellem *magnati* og *popolani* og forkaster et efter et alle de tilfælde af politiske sammenstød, som Salvemini havde fremhævet. Perioden 1293-1295 får ikke stor plads hos Ottokar, da han regner den for atypisk og kun et kort brud med den tendens til kontinuitet, der har præget og skal præge kommunens oligarkiske ledelse.

Ottokar benytter sig af de samme offentlige kilder som Salvemini, men tilføjer en lang række kilder, som belyser aktørernes personlige forhold – især fra notarernes *imbreviaturae* og fra pavernes registre – primært til brug for det, der må betragtes som kernen i hans værk, nemlig analysen af det herskende lag, hvori han beskriver den politiske elites, altså priorernes, sociale, økonomiske og politiske forhold. Denne detaljerede kortlægning på mikroniveau resulterer i et nyt billede af den herskende klasse, og skønt meningerne om hans konklusioner er delte, må Ottokars metode siges at have dannet skole.[72] Men selv hvis Ottokar udelukkende havde benyttet de samme kilder som Salvemini, var konklusionerne nok forblevet helt forskellige, thi, som Ottokar selv så rigtigt har bemærket, så ligger forskellene ikke så meget i forklaringen af de enkelte hændelser som i forskellige historiesyn.[73]

Ottokar er langt sværere at rubricere end Salvemini. Man kan ikke se ham som en idealistisk historiker, for som Ernesto Sestan har indvendt, så drives historien og dens hovedpersoner hos Ottokar ikke af idealer, men nærmere af en naturgiven trang til magt. Sestan har også defineret Ottokars historiesyn som juridisk-politisk, *giuridico-politica*. Udgangspunktet er en given juridisk situation – vedtagne og accepterede forhold –, som er under konstant pres fra de politiske kræfter, der dels tilpasser sig situationen, dels presser og deformerer den.[74]

Modsat Salvemini skal Ottokar beskæftige sig med Middelalderen resten af sit liv, men hans senere bidrag til debatten om *magnati* og *popolani* begrænser sig til et par mindre artikler.[75]

Prioratet og dets oligarki
Ifølge Ottokar er fortolkningen af Firenzes historie gennem de foregående årtier blevet afsporet af en tendens til at se alle begivenheder som udtryk for en konflikt mellem sociale grupper, og intetsteds finder denne metode et stærkere og renere udtryk end hos Gaetano Salvemini, skønt Davidsohn, Villari og Del Lungo også jævnligt må stå model til hård kritik. Disse historikere har opfattet byens historie som én lang kontrast mellem nøje definerede og afgrænsede sociale grupper, hvis interesser og mål er konstante, hvilket giver sig udtryk i et fast politisk program, som søges ført ud i livet gennem en erobring af magten i kommunen. Denne *antitesi meccanica* har medført, at historikerens opgave redu-

ceres til at afdække og beskrive denne evige konflikts konkrete manifestationer, en fordrejet og forsimplet opfattelse af historien.[76]

Ottokar medgiver, at når Prioratet opstår i sommeren 1282, så er det udtryk for en alliance mellem det guelfiske aristokrati og laugene, men der er ikke tale om et taktisk forbund mellem partier med modsatrettede interesser. Hvis man ser nærmere på laugenes ledere og på det guelfiske aristokrati, vil man nemlig opdage, at det drejer sig om en gruppe personer, som har mange fælles økonomiske og politiske interesser, som alle er guelfer og ofte er beslægtede indbyrdes.[77] Disse personer, der i de næste ti år skal beklæde Prioratet, udgør et oligarki, man ikke kan identificere som en bestemt gruppe af laug, men som et aristokrati inden for *Arti maggiori*.[78]

Dette oligarki karakteriseres af en imponerende elasticitet, og det formår med et sandt janusansigt at hente sin styrke både fra forbindelser til de guelfiske *magnati* og til laugenes brede masser. Når visse laug dominerer, skyldes det, at deres arbejdsområder er de mest indbringende, og deres medlemmer derfor de mest indflydelsesrige, men oligarkiet er altid åbent for at optage fremtrædende personer, ligegyldigt hvilket af de 12 store laug de kommer fra. Det, der tæller, er ikke ens medlemsskab af dette eller hint laug, men udelukkende ens personlige kvaliteter, ens rigdom og ens forbindelser. Det er derfor også forkert, når Salvemini ser de første tre priorer som repræsentanter for bestemte laug. Gennem Prioratets første ti år viser det sig tydeligt, at visse laug har langt flere priorer end andre, men historikerne har overdrevet kontrasten mellem laugene. Fra 1283 deltager alle de 12 *Arti maggiori* uden tvivl i valget, men alligevel kommer to tredjedele af priorerne fra kun tre af laugene. Dette viser klart, at man ser på kandidatens kvaliteter og forbindelser, mere end på hvilket laug han hidrører fra.[79] I Prioratets konsolideringsfase inddrages alle 32 laug til tider i *defensors* råd, og på trods af indsnævringen af denne basis i 1283 til de syv eller 12 *Arti maggiori* så forstår oligarkiet nok stadig at fremstille sig som repræsentant for alle laugene, ikke kun de store. Styret forbliver i teorien og potentielt baseret på alle laugenes deltagelse.[80]

Den påståede splittelse mellem laugene er blevet underbygget af historikerne, som i deres evige søgen efter symptomer på partiernes kamp også rask væk har grebet en enkelt politikers forslag som udtryk for en social gruppes politiske program. Salvemini har således ment, at de forslag, ghibelliner stiller om at inddrage alle laugene i Prioratet, er et forsøg på at splitte *Popolo*'s enhed og alliere sig med *Arti minori*. Dette afviser Ottokar, thi dels stilles sådanne forslag kun et par gange, skønt det bestemt ikke skortede på lejligheder, dels stiller prominente guelfer lignende forslag.[81]

Det oligarki, der i de næste ti år skal dominere Firenze, er langtfra opstået med Prioratet. Det er ikke, som Salvemini vil, en ny klasse af *popolani*, der fortrænger de gamle aristokratiske guelfer, men tværtimod en gruppe, som for størstedelens vedkommende allerede var indflydelsesrig og politisk aktiv under det guelfiske regime 1267-1280. Det er sandt, at styret på den tid var et partistyre ledet af den aristokratiske *Parte Guelfa*, men det er forkert, når man opfatter dette som værende i modstrid med *Popolo*'s interesser. Denne opfattelse skyldes endnu en gang den fejlagtige idé, at *Popolo* har ét statisk mål, nemlig enerådigt at styre kommunen for derigennem at virkeliggøre sit program. Faktisk er det aristokratiske partistyre i den merkantile verdens interesse, eftersom det langt bedre repræsenterer dens interesser i en tid, hvor den internationale scene domineres af Charles d'Anjou og dermed den uforsonlige guelfisme.[82] Endvidere er det oligarki, som styrer kommunen, ikke hermetisk lukket, men optager gerne de mest fremtrædende medlemmer af det ny plutokrati; en udvikling, som for øvrigt er naturlig, da vejen til fremgang på denne tid går gennem tilknytning til guelfismen, og styret samtidig har interesse i at knytte de store nyrige handelsmænd til sig.[83] Ser man på kommunens administration, dens politiske traktater og dens økonomiske operationer, vil man opdage, at de varetages af de samme mægtige *popolani*, som man genfinder i Prioratets elite. Alt dette gør, at man må konkludere, at den personkreds, der dominerer kommunens ledelse, i store træk forbliver konstant og ikke fornyes radikalt som følge af Prioratets fødsel.[84]

Men man skal ikke af den grund se Prioratet som en fortsættelse af det guelfiske regime, for hvis personkredsen forbliver stort set uforandret, så forandres betingelserne for dens virke. Førhen gik vejen til magten gennem *Parte Guelfa*, nu går den gennem *Arti maggiori*, hvilket betyder andre spilleregler for den politiske magt og nye måder at opnå støtte og forbindelser på.[85]

Ved en minutiøs gennemgang af priorerne fra 1282-1292, *sesto* for *sesto*, dokumenterer Ottokar sin påstand om oligarkiets sammensætning og dets oprindelse. Fælles for de familier, der leverer størsteparten af priorerne, er, at de allerede under det guelfiske regime er meget rige og som oftest indflydelsesrige i politik. Når priorerne en sjælden gang ikke kommer fra denne snævre kreds af drevne politikere og rigmænd, så viser det sig alligevel, at de tilhører eliten inden for deres laug, har særlige personlige kvaliteter og som oftest står i tæt forbindelse til medlemmer af oligarkiet, økonomisk og/eller familiemæssigt.[86] Dette rykker under alle omstændigheder ikke ved den konklusion, at oligarkiet består af mænd, der har forbindelser til såvel *magnati* som plutokratiet, og som har været politisk aktive også under det guelfiske regime.[87]

Den herskende klasse undergår altså ingen væsentlig forandring som følge af Prioratets fødsel. Og skønt et flertal af medlemmerne kommer fra *Popolo*, så tilhører de byens gamle hæderkronede familier, og det er særdeles svært at skelne dem fra den gamle adel eller fra dem, som med Dino Compagnis ord blev kaldt *magnati* af andre årsager, "per altri accidenti erano detti magnati", altså *magnate*-familier af nyere proveniens. Man kan ikke tale om et klart skel eller en altoverskyggende konflikt mellem *magnati* og *popolani*, men snarere om en modsætning mellem dette snævre oligarki og laugenes almindelige medlemmer, en kontrast der skal føre til den revolutionære bevægelse 1293-1294.[88]

Magnati og *popolani*
Disse års oligarki fremviser altså ikke en skarp adskillelse af *magnati* og *popolani*, tværtimod er de to grupper forbundet på flere niveauer. Hvis man vender blikket mod referaterne fra rådsarbejdet, ser man, at der i alle vigtige spørgsmål indkaldes en række *sapientes* og specielt interesserede parter. Også her domineres billedet af en blanding af medlemmer af *magnate*-familierne, prominente jurister og magtfulde *popolani*. Det vigtigste er, at ingen af parterne modarbejder den andens deltagelse, tværtimod er det ofte *magnati*, som ønsker, at *popolani* rådspørges og vice versa. Det er heller ikke muligt at finde så meget som ét eksempel på, at *magnati* modsætter sig laugenes plads i styret.[89] Der er ganske rigtigt mange omdiskuterede spørgsmål i disse år, men man kan ikke identificere synspunkterne med forskellige sociale grupper.

Den slags resultater kan man kun opnå, hvis man – som visse historikere – benytter en enkelt talers isolerede synspunkt til at bestemme hans politiske profil og betragter denne som udtryk for en større gruppes program.[90]

Når *Consulte* ikke afslører nogen kløft mellem *magnati* og *popolani*, skyldes det, at Prioratet ikke udgør et brud med fortiden, men derimod et element af kontinuitet, balance og kompleksitet. Det er derfor forkert at tro, at Prioratet konstant må forsvare sig imod *magnati* og søger at undertrykke dem politisk og økonomisk.[91] *Magnati* deltager tværtimod konstant i styret og nyder stor indflydelse, hvilket ikke bekæmpes af de førende *popolani*, men bydes velkommen som en nødvendighed. Kommunen kan nemlig slet ikke klare sig uden *magnati*, som udgør nogle af de stærkeste økonomiske kræfter i byen og ydermere er uundværlige i kraft af deres militære ekspertise og internationale forbindelser. Dette betyder ikke, at der ikke eksisterer en vis demokratisk holdning mod *magnati* i visse lag af befolkningen, men hvor forhadte *magnati* end er i visse grupper, kan oligarkiet på ingen måde tages til indtægt for sådanne følelser. Og dog eksisterer der sociale indgreb, hvilket bevidnes af *magnati*'s ret beskedne repræsentation i Prioratet og af det totale fravær af riddere. Man er altså bevidst om disse sociale forskelle, som finder deres udtryk i modsætningen mellem *magnati* og *popolani*.[92] Men denne kontrast er blot én af de mange aspekter af tidens komplekse politik, og ikke altid i centrum, som Salvemini og Davidsohn har ment.

Magnati karakteriseres primært ved deres *grandigia*.[93] At være magtfuld er ganske vist en nødvendig forudsætning for at opnå indflydelse i politik og som sådan også en kvalitet for *popolani*, men inden for visse grupper udvikler denne styrke sig i en uheldig retning og kommer på kollisionskurs med det fredelige samliv i kommunen. Gennem deres *consorterie*, deres stærke familiesolidaritet og deres befæstede huse, udgør *magnati* en delvis selvstændig magtfaktor i kommunen, og det lykkes dem derfor tit at unddrage sig den fælles lov, som kommunen prøver at gennemføre. Således udvikler *magnati* deres antisociale tendenser, hvilket medfører, at de er uglesete i nogle lag af befolkningen, men ikke i oligarkiet, som nøjes med at søge at begrænse de uheldige sider af denne så uundværlige gruppe. Det er *magnati*'s hovne og tyranniske fremfærd og ikke økonomiske faktorer, der udløser lovene mod dem.[94]

Der eksisterer faktisk frem til 1293 ikke én eneste lov, der begrænser *magnati*'s politiske eller borgerlige rettigheder. Soda*mento*loven er det typiske eksempel på tendensen i disse års forsøg på disciplinering af *magnati*, og skønt denne type præventive tiltag velsagtens er blevet stærkere med Prioratet, så er det bestemt ikke usandsynligt, at en lignende lovgivning har eksisteret under det guelfiske regime. Salvemini har også understreget, at disse års lovgivning kun søger at få *magnati* til at respektere den fælles lov, men han fremhæver alligevel to love som udtryk for diskrimination. Den ene af disse love, fra oktober 1286, giver priorerne fuldmagt til at dømme i de sager mellem *magnati* og *popolani*, som er opstået inden for de to sidste måneder, hvilket Salvemini opfatter som værende til skade for *magnati*, men han overser, at der i dette Priorat sidder hele to *magnati*[95]. Den anden lov, som forbyder *magnati* at købe gældsbeviser med *popolani* som debitorer, er slet ikke fra 1284, som Salvemini hævder, men fra 1294.[96] Ikke nok med at der ingen diskriminerende love vedtages, men man skal helt frem til november 1292, før sådanne indgreb overhovedet foreslås.

Årene ser altså ingen indskrænkninger i *magnati*'s politiske eller borgerlige rettigheder, men heller ikke den *magnate*-fjendtlige økonomiske politik, som visse historikere har gjort et så stort nummer ud af, kan man finde spor af. At påstå at kommunen indleder en restriktiv politik angående eksport af fødevarer til skade for *magnati*, er af mange årsager forkert. For det første er sådanne love naturlige for et hvilket som helst styre og kan ikke forbindes med sociale motiver. For det andet kendes flere af de love og institutionen *Sei del biado*[97], som Salvemini anser for Prioratets opfindelser, allerede fra det guelfiske regime.[98] For det tredje er det en stor fejltagelse at tro, at landbrugsjorden udelukkende eller blot hovedsageligt tilhører *magnati*; den tid er længst forbi, og *contado* er nu et terræn for mange og komplicerede interesser for store dele af den florentinske befolkning.[99]

På samme facon har der været konflikter mellem lejere og udlejere i Firenze, men dette har næppe ført til love. Desuden må man ikke glemme, at *Arti maggiori*'s *popolani* selv er store ejere af ejendom i byen, og man kan på ingen måde hævde, at *magnati* ejer størstedelen af boligmassen. En sådan opfattelse må man naturligvis komme frem til, hvis man som Salvemini baserer sine undersøgelser på *Liber Extimationum*, eftersom det selvsagt i overvejende grad var de store guelfiske slægters ejendom, som ghibellinerne ødelagde.[100]

Hvad skattepolitikken angår, så har man kun kunnet se den som et udslag af en konflikt mellem *magnati* og *popolani*, fordi man har analyseret fænomenet overfladisk. Dette beskatningssystems vilkårlige skøn medførte store muligheder for misbrug og favorisering, og systemet vakte da også konstante protester, men det kan ikke reduceres til et spørgsmål om *magnati* og *popolani*. Det lå i selve systemets natur, at vurderingerne skulle fornys med jævne mellemrum.[101]

Udenrigspolitikken 1284-1292 og dens følger
Årene 1284-1292 udgør en af Firenzes mest omtumlede og hektiske perioder på det udenrigspolitiske plan. Den konstante krigstilstand, som præger kommunen, får flere konsekvenser, som især bliver tydelige i periodens sidste fire år, altså under krigene mod Arezzo og Pisa.[102]

For det første betyder de mange krige mod de ghibellinske centre, at man i højere grad trækker på de guelfiske *magnati*. Eftersom dette guelfiske aristokrati med sin militære ekspertise og sine forbindelser til andre ligesindede i disse år er mere uomgængeligt end før, øger det sin betydning og magt. Dette betyder imidlertid ikke, som Salvemini hævder, at *magnati* opnår at blive genoptaget i *capitano*'s råd, fra hvilke de var blevet udelukket i 1285. Denne tolkning beror på en overfladisk læsning af kilderne og manglende kendskab til slægtsforholdene, thi *magnati* er aldrig blevet udelukket fra disse råd, som omfatter lige så mange *magnati* i 1285 som i årene 1290-1292.[103]

Magnati's styrkede indflydelse betyder heller ikke, at man skal tage krønikernes ord om, at krigen er foranstaltet af guelferne, for gode varer. Den politiske linie er ønsket af hele befolkningen, i alt fald af hele den befolkning, der kan komme til orde i rådene, for dér kan man ikke påvise nogen tendens til generel modstand mod krigen, der anses for at være i fællesskabets interesse.[104] Ganske vist er der kritiske røster, men dels ønsker de primært, at byens allierede yder mere, dels kritiserer de ikke selve krigen, men snarere den måde, den føres på, og dels kommer kritikken absolut ikke udelukkende fra *popolani*, men tillige fra *magnati*. Når modstanden begynder at kunne mærkes mod slutningen af perioden, skyldes det de manglende resultater og de store udgifter, ikke selve krigen.

Dette fører os videre til krigens anden konsekvens, nemlig et voldsomt skattetryk. I årene 1288-1292 løber skatterne løbsk, og styret forsøger forgæves at dæmpe det direkte pres på befolkningen for at undgå utilfredshed. Et andet udslag af kommunens jagt på midler er de *Provvisioni canonizzate*, som Salvemini har set som et slag mod *magnati*. I virkeligheden drejer det sig om et forsøg på at rydde op i den kommunale administration for at skaffe flere penge tilveje, en tendens som er gængs i denne periode.[105]

En tredje konsekvens af krigstilstanden er en øget inddragelse af laugene i kommunens styre. Når de fem *Arti medie* i juni 1287 inddrages i *podestà*'s råd, og de ni *Arti minori* samtidig får ret til at organisere sig militært, ses det af Salvemini som et udtryk for, at *Popolo grasso* er trængt af *magnati*. Det er i så fald sært, at det ikke falder sammen med nogen lovgivning eller andre tiltag mod *magnati*. Sandheden er, at denne praksis er helt almindelig, når Firenze befinder sig i en svær situation. Det er set mange gange før, at kommunen samler kræfterne og inddrager alle organisationer, når den står over for store trusler. I dette tilfælde kommer truslen fra ghibellinerne, hvis mobilisering fremkalder inddragelsen af flere laug i styret. Det betyder ingen nyordning af den politiske magt og bør ikke tolkes som udtryk for sociale antagonismer i Firenze.[106]

Krigens vigtigste konsekvens er, at den får den konflikt mellem oligarkiet og laugenes anonyme masser, der har ulmet i mange år, til at bryde ud i lys lue. Denne kontrast har historikerne endnu ikke opdaget, for den giver sig ikke udtryk i et program med konstitutionelle og juridiske krav, men i en sej stræben efter en bedre offentlig forvaltning uden misbrug. Skattetrykket, de manglende resultater og den antagelige accentuering af oligarkiets fejl, som krisen medfører, får til sidst bægeret til at flyde over.[107]

Den folkelige bevægelse 1293-1294
Den folkelige bevægelse 1293-1294 kendetegnes af en nådesløs forfølgelse af *magnati*, både gennem lovgivningen og gennem massernes selvtægt. Dette springer i øjnene, men udgør ikke bevægelsens essens, kun dens nødvendige bivirkninger, løftestangen for

en langt mere vidtrækkende omvæltning. Det virkelige mål er at tillade en bredere personkreds at deltage i styret og at indføre en mere "offentlig" mentalitet i kommunens forvaltning. Det er en kamp mellem de anonyme laugsmedlemmer og det aristokrati inden for laugene, som har udgjort oligarkiet, ikke en strid mellem *Arti maggiori* og *Arti minori*.[108] Dette ønske har allerede i den foregående periode givet sig udslag i forsøg på at udvide kredsen af personer i Prioratet, hvilket man især har set under debatten i efteråret 1292 om valget af priorerne.[109] Når denne folkelige bevægelse nu presser på for en fornyelse, er det naturligt at sikre sig opbakning i befolkningens brede lag, og for folkets masser står *magnati* som de hovedansvarlige for de sidste års politik og repræsenterer oligarkiets værste sider.[110] Derfor ser man nu de mange diskriminerende love rettet mod *magnati*. For yderligere at ramme det gamle oligarki sørger man også for, at *magnate*-begrebet udvides til en langt større kreds, end det hidtil har været tilfældet. For selvom listen over *magnate*-slægterne har været fast siden 1286, så har mange familiemedlemmer undgået at stille kaution og er således ikke blevet betragtet som *magnati*. Dette hul i loven stoppes nu, og fremover skal alle medlemmer af de i listen omtalte familier stille garanti og derfor behandles som *magnati*. Når Salvemini her fejlagtigt har hævdet, at antallet af slægter i april 1293 hæves fra 38 til 72, skyldes det en overvurdering af Leonardo Aretinos troværdighed.[111]

Den ophidsede revolutionære tilstand, der karakteriserer disse to år, hvor masserne ofte tager sagerne i egen hånd, bruges som afpresningsmiddel af den folkelige bevægelse, som derigennem sætter magt bag sine ord og gennemtvinger sin politik.[112] Således tillades det ikke lovene mod *magnati* at stå alene eller blot at blive håndhævet af kommunens funktionærer, men de bakkes op af selvtægt og tumulter fra pøblens side. Ved siden af de regulære juridiske tiltag mod *magnati* ser man derfor en række bestemmelser, der er i strid med ethvert acceptabelt retsprincip og kun har til formål at lovliggøre massernes – og kommunens funktionærers – lovløse adfærd.[113]

Men hvor meget pøblens voldelige revolutionsdiktatur, *la violenta dittatura rivoluzionaria della plebe*, end dikterer denne tids politik, så får det ingen konsekvenser for kommunens institutionelle opbygning. Masserne forbliver på gaden og optages aldrig i kommunens institutioner. Magtens centrum forbliver de tolv *Arti maggiori*, og man ser kun sporadisk priorer fra *Arti minori*, og når det endelig sker, er det på de store laugs nåde, thi valget af priorerne forbliver i deres hænder. Man ser ganske vist alle 21 laug i *capitano*'s råd to gange, men dér optrådte de også ekstraordinært før og vil gøre det siden. Til gengæld bevarer mange af det gamle oligarkis medlemmer deres indflydelse og deltager stadig i kommunens ledelse, sikkert takket være deres store politiske fleksibilitet og alsidige forbindelser. Men dette skal ikke overvurderes. Når alt kommer til alt, oplever Prioratet i disse to år en reel fornyelse, og *magnati* er i al fald helt fraværende. Man ser mange nye ansigter, og flere af de vigtigste Priorater præges af helt ubeskrevne blade, og skønt disse nye personer har samme sociale baggrund som det gamle oligarkis medlemmer, så er man vidne til en væsentlig udvidelse af personkredsen i Prioratet.[114]

Målet for den folkelige bevægelse er som sagt en styrkelse af "den offentlige ånd", *lo spirito pubblico*, hvilket søges gennemført ved allehånde love for at hævde kommunens autoritet, fjerne misbruget i forvaltningen, sikre en effektiv skatteopkrævning etc. Kronen på værket kunne have været den generelle reform af hele det eksisterende lovkompleks og skabelsen af ét samlet *statuto*, der under Giano della Bellas ledelse indledes i november 1294. Det ville have ført til en centralisering og rationalisering af kommunens administration og have været en skelsættende nyskabelse.[115] Projektets radikale karakter skræmmer imidlertid flere mægtige grupper og er en medvirkende årsag til undermineringen af styret. Men man skal ikke overvurdere enkelte gruppers indflydelse. Når styret falder, skyldes det en udbredt manglende tillid til det og en uro over dets metoder. Pøblens udskejelser, embedsmændenes overdrevne iver for at hævde kommunens ret, truslerne mod *Parte Guelfa* etc., alt sammen bidrager til styrets fald. Reaktionen i 1295 betyder en tilbagevenden af det gamle oligarki og dets metoder, men tilbageslaget retter sig kun mod gadens parlament og den lovløse tilstand, medens forfatningen ikke ændres. Efter denne kortvarige fornyelse vender Firenze tilbage til det pseudodemokrati, der kendetegner byens historie, hvor oligarkierne og klientelismen dominerer.[116]

For Ottokar er Firenzes historie grundlæggende oligarkiets historie. Den sociale konflikt, som Salvemini havde anset for central, er for Ottokar ikke andet end én tendens blandt mange og langt fra den vigtigste. Havde Ottokar kendt Lampedusas *Il Gattopardo*, ville han måske have citeret Tancredis berømte ord om, at alt må forandres, for at alt kan forblive, som det er – "Se vogliamo che tutto rimanga com'è, bisogna che tutto cambi!" – som et udtryk for oligarkiets fleksible politik, gennem hvilken det formår at beholde magten. Der foregår ganske vist en langsom demokratisering, men det eneste radikale forsøg på at ændre den kommunale politiks grundlæggende "private" natur drukner i pøblens udskejelser.

Det er nærliggende at søge at indplacere Ottokar i den fascistiske ideologi, ikke mindst med tanke på de omstændigheder, som førte til hans professorat. Salvemini var efter at have være fængslet gået i eksil, og fluks falder valget på en, der er flygtet fra den sovjetiske kommunisme! Det kan da heller ikke nægtes, at Ottokars betoning af oligarkiet – en term jeg ikke er stødt på i tidligere tekster – rammer tidsånden fint: ikke mere klassekamp, men et oligarki af mænd, der hæver sig over mængden. Netop "oligarki" er også et nøgleord for sociologen Robert Michels (1876-1936), hvis teorier nød stor popularitet i det fascistiske Italien. Michels havde, fra at være radikal socialist, først svoret til Georges Sorels doktriner og var derpå gået over til Mosca og Paretos elitære teorier (Ottokars udtryk *ceto dirigente* genkalder i øvrigt Gaetano Moscas *classe dirigente*). Derfra er der som bekendt ikke langt til den rene fascisme, hvor Michels da også snart havnede. Ifølge Michels er der i enhver gruppe en naturlig tendens til oligarki, som er i modstrid med demokratiets postulater: Ledere opstår i alle organisationer, og de vil uvilkårligt komme til at dominere de passive masser. Michels betragter dog ikke dette oligarki som et ubetinget gode, thi skønt lederne i starten er energiske, vil de med tiden stivne i deres positioner og miste deres dynamik.[117]

Man kan ikke udelukke, at Ottokar var påvirket af denne teori eller af de andre populære elitære teorier, men parallellen skal ikke drives for vidt. Ser vi bort fra udfaldene mod pøbelvældet 1293-1295, som dybest set er enhver sand demokrat værdige, kendetegnes Ottokars analyse af den mest kølige intellektuelle neutralitet, man kan forestille sig. Vi er langt fra Salveminis dybtfølte – og så menneskelige – kommentarer til hændelserne. Ottokar var langtfra venstreorienteret – ifølge Ernesto Sestan nærmere aristokratisk –, men derfra og så til at beskylde ham for fascisme er der langt.

Nicola Rubinstein
I tiden før Anden Verdenskrig er det eneste bidrag, som genoptager et af diskussionens afgørende spørgsmål, Nicola Rubinsteins artikel fra 1934 og især hans lille bog fra 1939, der i grunden udgør to kapitler i samme fremstilling.[118] Rubinstein gentager ikke den samlede analyse af perioden 1280-1295, men begrænser sig til at se på en enkelt lov, nemlig *sodamento*loven, der nu sættes ind i et større europæisk udviklingsmønster for en stærkere stat og mod individualismen. I modsætning til Salveminis og Ottokars bøger ligger der ikke et solidt arkivarbejde til grund for dette værk. Rubinstein benytter primært publiceret materiale, hvilket skyldes, at den udvikling, han søger at forbinde loven om *sodamento* med, allerede er godt belyst i lande som Frankrig og Tyskland, og hvad selve loven angår, støtter han sig til det udgivne materiale. Rubinstein er til gengæld yderst forsigtig, når det kommer til at udtale sig om den sociale konflikts betydning, og hans få kommentarer er ofte særdeles kryptiske.[119] Måske ikke så uforståeligt, når man skriver i Firenze anno 1939 og bærer et så suspekt navn som Rubinstein.

Stat og individ
Den lov om *sodamento*, som i 1281 (og 1286) påtvinger *magnati* at stille garanti for deres lovlydighed, er exceptionel, også selvom den kun søger at tvinge dem til at overholde den almindelige lovgivning. Hvor man i Firenze ved en forbrydelse normalt idømmes en bøde, taber man her en forlods stillet garantisum. Men hvem ønsker at skade disse *magnati*? Salveminis forklaring om stridende klasser er anfægtet, og det drejer sig – som Ottokar har vist – i alt fald på tidspunktet for den første *sodamento*lov, ikke om *Popolo*'s dominans. Dette er grundlaget for, at Rubinstein nu vil reeksaminere spørgsmålet.[120]

Rubinstein mener, at Salvemini har taget fejl, når han sætter drøftelsen af loven den 20. marts 1281 i forbindelse med en reform af statutterne tidligere på måneden. Der er ingen grund til at antage, at loven er fra samme år som denne drøftelse, tværtimod

63

er der mange gode grunde – sproglige og logiske – til at mene, at
den er fra marts 1280. Under alle omstændigheder er loven tidligere end marts 1281 og derfor tættere på kardinal Latinos tid,
hvilket åbner helt nye perspektiver.[121]

Kardinalen gjorde sit bedste for at forlige de stridende parter,
både eksternt og internt, og hans arbejde kendetegnes af stor
neutralitet. Men alligevel kom han til at diskriminere en bestemt
social gruppe, al den stund kampene især stod mellem visse af
byens mægtigste familier. Det var deres private krige, som forstyrrede byens ro og stabilitet, og derfor måtte kardinalen på almenvellets vegne disciplinere denne anarkiske gruppe.[122] Loven
består altså af et edeligt løfte om at holde fred, ledsaget af en
kaution. Dette princip kendes helt fra merovingisk tid i form af
forskellige typer af troskabseder, som ofte ledsages af et løfte om
fred. Disse edsaflæggelser kendes også fra det kommunale Italien,
og straffen for mened var hård.[123] Som sådan adskiller *sodamento*-
loven sig ikke fra traditionen omkring svoren fred; til gengæld
bryder den med kardinal Latinos neutrale linie, som ingen social
karakter har. Rubinstein afslutter sin artikel med spørgsmålene:
Hvorfor retter loven sig ikke mod hele byens øverste lag, men kun
en del af det? Og hvem var *magnati*?[124]

Når Rubinstein efter fire år tager disse spørgsmål op, tillægger
han ikke længere spørgsmålet om lovens datering større vigtighed. Tilnærmelsen af loven til kardinal Latinos tid synes nu blot
et indicium, på hvilket han ikke vil insistere.[125] Det væsentlige er
at fastslå, hvorfor kun en del af Firenzes højeste lag rammes af
loven, og at forstå, hvad det er, som adskiller *magnati* fra resten af
byens top.

Det er nærliggende at antage, at indførelsen af et nyt udtryk
som *magnati* i den officielle sprogbrug betyder, at man søger at
definere en gruppe, som de tidligere termer ikke kan dække. Der
er flere kilder til at forstå, hvad der skjuler sig bag ordet *magnati*,
både lovens definition, listerne og krønikerne. Hvis man sammenholder deres oplysninger, bliver det klart, at *magnati* ikke helt
svarer til den gamle adel, *nobiltà di sangue*. Men på den anden side
er ordet heller ikke et synonym for byens rigeste indbyggere. Der
er tale om en gruppe, der i høj grad svarer til den gamle adel, men
som alligevel omfatter flere medlemmer af det ny plutokrati. Ifølge
lovens definition er ridderværdigheden det vigtigste kriterium for

at tilhøre *magnati*, og eftersom man åbenbart ikke benytter den til at angive noget andet, må årsagen til indgrebet søges i selve ridderinstitutionens natur.[126] Riddervæsnet har den urbane florentinske adel tilfælles med den europæiske feudale adel, og skønt Rubinstein indrømmer, at der er stor forskel på de to grupper, er de fælles træk betydelige nok til at tillade en sammenligning. Han vil derfor rette blikket mod de lande, Tyskland og Frankrig, hvor riddervæsnet er opstået og har blomstret, for at opdage, om noget dér svarer til de kampe, som præger Firenze, og derved forstå, hvorfor netop ridderne skilles ud fra resten af overklassen.[127]

Et karakteristisk træk ved den europæiske ridderadel i Middelalderen er dens ret til fejde. Denne private gengældelse – kaldet *fehde, vindicta, faida, vendetta* etc. – har sin oprindelse blandt de germanske folkeslag, hvor dens anvendelse kun var berettiget efter visse typer forbrydelse. Når denne skik spreder sig til resten af Europa, ser man, at begrænsningerne forsvinder, og at de førnævnte udtryk nu ofte erstattes med *werra, bellum, guerre privée* etc. som et tegn på en forstærket og uhæmmet gengældelse. Fejderne er eskaleret til noget, der minder om krig.[128] Men hvad man end kalder denne gengældelse, er den i Middelalderens Europa en mere eller mindre accepteret privat ret ved siden af den offentlige ret. Fejden breder sig i den feudale verden, hvis fragmenterede og svage autoriteter hverken har midler eller vilje til at sikre en offentlig strafferet. Fejden er altså, som individuel strafferet, udtryk for en lidet konsolideret statsmagt, og når staten styrkes, må fejden naturligt udgøre et problem.[129]

Man har i lang tid, med solid opbakning i kilderne, hævdet, at adelen havde eneret på fejden, men visse kilder tyder på, at retten også gjaldt andre samfundslag. Uanset i hvilket omfang andre grupper end adelen besad denne ret – eller blot tiltog sig den –, er det vigtigste imidlertid at understege, at fejden var meget mere udbredt blandt adelen end i andre lag, og heri ligger årsagen til, at kilderne ofte omtaler dens fejder, som om der ikke eksisterede andre.[130] Der er flere årsager til dette særligt nære forhold til fejden. For det første var ridderne en krigerkaste, og de havde mange steder monopoliseret retten til at bære våben.[131] For det andet drejer det sig om en kultur, hvis tro på sin egen ubegrænsede frihed afspejler det feudale livssyn. Ridderkulturen bygger på en absolut frihed, kun begrænset af lydigheden over for herre og

Gud. Et udslag af denne individualisme er, at krænkelser bliver betragtet som en privat sag, og det regnes for forsmædeligt at forlade sig på andre end sig selv og sine fæller, når det gælder oprejsning.[132] Endelig fremhæver Rubinstein, at ridderkulturens følsomme æresbegreb bevirker, at tolerancetærsklen er yderst lav, og at fejder således let opstår.[133]

Alt dette betyder, at fejden inden for ridderkulturens adel overskygger alle andre gruppers brug af denne juridiske partikularisme. Så lang tid statsdannelserne er svage, forsøger de intet opgør med denne almægtige gruppe, og de første initiativer til at bekæmpe fejdens hærgen kommer da heller ikke fra den verdslige magt, men fra Kirken. Mod de stadigt mere omfattende private krige opstår i det 11. århundrede den store europæiske bevægelse, gudsfredsbevægelsen, hvor Kirken benytter sin magt over sjælene til at tvinge befolkningen til fred. Når man gransker ordlyden af disse edsaflæggelser, ser man, at deres mål er at beskytte de svage: bønder, købmænd og de gejstlige selv. Kun én gruppe udelades systematisk, nemlig adelen. Endnu en bekræftelse på denne gruppes dominans inden for fejden.[134]

Til at begynde med begrænser statens handlinger sig til at støtte Kirkens initiativer, men snart tager den sagerne i egne hænder, og med forskellige edsaflæggelser tvinger den i varierende omfang undersåtterne til fred. Disse statslige tiltag spænder fra forsøg på at bilægge eksisterende uroligheder til prævention af kommende. Denne genoptagelse af den statslige magtvilje strækker sig således fra støtte til private fredstraktater – midlertidige eller ubegrænsede – til direkte forbud mod fejde. Disse forbud udgør en hel bevægelse af *Paci pubbliche*, gennem hvilke de europæiske monarkier nu bekæmper fejden.[135] Det er i denne sammenhæng interessant at observere, hvorledes staten for at bekæmpe individualismen tit må arbejde på dens betingelser. Således må den offentlige magt i mange tilfælde, i stedet for at udstede generelle love, afkræve den enkelte en ed på at holde freden, også selv om denne ed som oftest er obligatorisk, og undladelse straffes med fredløshed og bødestraf.[136] Indholdet af disse svorne *Paci pubbliche* varierer, men følgende træk kan nævnes: De er generelt af begrænset varighed; overtrædelse, altså mened, straffes normalt med bøde eller fysisk afstraffelse, og deres formål er at beskytte de svagere grupper i samfundet, forbyde fejder og ofte forbud mod at bære våben.

Indgrebenes radikalitet afhænger af statens styrke, og man kan således se tidlige eksempler på statsdikterede totale forbud mod fejde i Roger I's Sicilien, samt i Frederik I og II's Tyskland.[137] Når disse indgreb som oftest er rettet mod adelen, skyldes det udelukkende, at den repræsenterer det grelleste eksempel på individualismen. Staten må i forsøgene på at hævde sin autoritet nødvendigvis rette sine angreb mod den gruppe, som gennem sin kultur udgør den største udfordring.[138]

Firenzes aristokrati er som sagt i overvejende grad ikke-feudalt, men ridderkulturen er en og samme. I det 13. århundredes Firenze har denne kultur med stor succes frigjort sig fra det feudale miljø, den er født i, og har fundet en frodig grobund i byens højeste lag. Det er nu åbenlyst, at de kampe, der bølger mellem mange af byens fremmeste familier, skyldes den tradition for fejde, som er knyttet til ridderstandens livsstil. Når man definerer *magnati* gennem ridderkriteriet, skyldes det altså hverken et ønske om at straffe politisk magt eller rigdom, men at denne kultur er centrum for de interne krige. Det er nu også klart, hvorfor krønikerne omtaler *magnati* som adelige. Det handler nemlig om en gruppe, som i vid udstrækning er identisk med *nobiltà di sangue*, og de nye familier, der har tilsluttet sig kredsen, har gjort ridderlivets voldelige kultur til deres egen.[139]

*Sodamento*loven kan altså sættes i forbindelse med den generelle europæiske udvikling, hvor statsmagten gennem tvungne edsaflæggelser forpligter en del af befolkningen til at holde fred og således underkaste sig statens autoritet. Som i resten af Europa er fejden i Firenze specielt rodfæstet i ridderkulturen, og her som andetsteds må staten først ramme sine stærkeste udfordrere.[140] Mange af *sodamento*lovens træk kan genkendes fra forskellige typer svoren edsaflæggelse på at holde fred i andre dele af Europa: Al vold forbydes, det forbydes at bære våben, eden har begrænset varighed, menederens straf stilles her i form af en garanti, og loven retter sig primært mod ridderne.[141]

Staten gror i denne tid. I resten af Europa vokser monarkierne frem, i Firenze bestyrker kommunen sin autoritet, og overalt, hvor statsmagten befæstes, må den knuse den private retshåndhævelse, som finder sit stærkeste udtryk i ridderlivets tøjlesløse fejder.[142]

Rubinstein betoner kraftigt det statslige motiv for loven om *sodamento*, som sættes ind i en større europæisk udvikling. Derfor tager han kun i begrænset omfang de florentinske kilder op til genovervejelse, men søger i stedet at etablere en parallel til den generelle europæiske tendens. Han tilbageviser flere gange det, han ser som Salveminis klassebaserede tolkning af denne lov, men oven på Ottokar virker hans kritik velvillig og alt andet end polemisk. Det er for øvrigt værd at bemærke, at Rubinstein gør sig stor umage med at understrege, at han taler om denne ene lov og om dens første tid[143]. Faktisk giver Rubinstein på bogens næstsidste side en indirekte indrømmelse til Salvemini, idet han erkender betydningen af kampen mellem borgerskab og andre lag, men ydmygt tilføjer, at statens stabilisering nok bør have en plads ved siden af.[144]

Enrico Fiumi

Tråden bliver først atter taget op et stykke tid efter Anden Verdenskrig med tre omfangsrige artikler af Enrico Fiumi.[145] Påskuddet for hans første indlæg er at tilbagevise Werner Sombarts teori, ifølge hvilken den økonomiske udvikling i Firenzes sene Middelalder ikke skyldtes borgerskabet, men den jordbesiddende adel. Når jeg drister mig til at sige "påskud", skyldes det, at Sombarts teori siden sin fødsel i 1902 aldrig var slået an som tolkningsmodel og derfor ikke havde behov for at blive gendrevet. Sandt at sige er Fiumis mål langt mere ambitiøst, nemlig en grundig analyse af Firenzes økonomi fra kommunens fødsel til det 15. århundrede og et polemisk opgør med adskillige gængse tolkninger.

Når Fiumi vælger Sombarts teori som udgangspunkt for sin analyse, skyldes det efter al sandsynlighed, at Sombart havde lagt så stor vægt på adelens rolle i den kapitalistiske udvikling, noget der må siges at være den absolutte modpol til Fiumis syn. Fiumi opstiller en yderst snæver definition af adel: Kun den feudale adel, for hvilken der kan bevises titler og privilegier fra den kejserlige magt, anerkendes som sand adel. Ved siden af denne adel er der opstået en "æresadel", *nobiltà onorifica*, uden len eller jurisdiktion, som gennem ridderværdigheden tildeles rige borgere af kommunen, *Parte Guelfa*, forskellige monarker etc. Disse to grupper blander sig til en vis grad, men skellet mellem dem forbliver ikke desto mindre klart. Den ny æresadel er, som en del af borgerskabet, solidt involveret i handel, mens den gamle adel forbliver knyttet til jorden og kun undtagelsesvis deltager i det merkantile eventyr. Hele den økonomiske revolution, hele akkumulationen af formuer og dermed hele den rivende udvikling skyldes derfor ikke den feudale adel og dens efterkommere, men borgerskabet.

Den anden artikel, fra 1958, er helliget den demografiske udvikling i by og på land, og dens revision af det hidtidige syn på befolkningstallets udvikling i Firenze har siden været alment anerkendt som et ganske korrekt skøn. Fiumi beskriver detaljeret ejendomsforholdene på landet og de forandringer, de undergår som følge af udviklingen i de økonomiske strukturer. I denne forbindelse leverer han – i Johan Plesners fodspor – endnu et frontalt angreb på den indgroede forestilling om de flygtede trælle fra landet, som fandt et fristed i byen. Vandringen til byen er et faktum af uvurderlig betydning for byens udvikling, men de nye indbyggere kommer typisk fra det landlige borgerskab, der opstår mellem midten af det 10. århundrede og starten af det 13. gennem opspiltningen af de religiøse institutioners enorme jorder. Faktisk kommer denne gruppe, med sin driftige og dristige indstilling, til at udgøre rygraden i byens merkantile borgerskab. Endelig leverer Fiumi en kanonade mod den populære opfattelse af et modsætningsforhold mellem land og by; forholdet er tværtimod helt fra romersk tid præget af gensidig afhængighed og infiltration.

Hvor inspirerende de to første artikler end er, må vor interesse her samle sig om den sidste artikel, i hvilken Fiumi, helt i tråd med Ottokar, vender sig mod Salveminis tolkning af kommunens økonomiske politik som værende dikteret af sociale interesser og giver sit bud på årsagen til lovgivningen mod *magnati*.

Motiver for kommunens økonomiske politik
Skønt hovedangrebet på Salveminis teori som sagt først skal sættes ind i den sidste artikel, strejfer Fiumi allerede emnet *magnati-popolani* i starten af den første artikel og slår straks en skeptisk tone an over for enhver tolkning med udgangspunkt i sociale årsager. I forbindelse med diskussionen af adelens natur definerer Fiumi *magnati* som dem, der i "folkets" øjne benytter deres magt til at leve uden for loven, men han fastslår samtidig, at det ikke skorter på *popolani*, der gennemtvinger deres vilje med retssystemets hjælp og er mægtigere end *magnati*.[146]

Men det forbliver ved antydningen, og først to år senere tager Fiumi tyren ved hornene, idet han reeksaminerer Salveminis teori om sociale bevæggrunde for kommunens økonomiske politik. En af årsagerne til, at denne debat har kunnet rase de sidste 60 år, er i Fiumis øjne, at man har hæftet sig ved anakronistiske udtryk for sociale skel, der har overlevet i datidens lovgivning og sprog.[147] Således har den klare opdeling mellem *magnati* og *popolani*, der fremgår af *la legislazione antimagnatizia*, intet hold i virkeligheden, og ridderværdigheden kan på dette tidspunkt ikke benyttes til at definere en social og økonomisk position, som står i modsætning til *popolani*. Lovgivningen mod *magnati* skyldes derimod, at en fraktion inden for en socialt og økonomisk homogen herskende klasse gennem en demagogisk oplivning af en længst forældet – om nogen sinde gyldig – antagonisme mellem *milites* og *pedites* søger støtte hos de brede masser til at udelukke en anden fraktion.[148] At denne såkaldte demokratiske revolution, *supposta rivoluzione democratica*, er grundet i private interesser, ses for øvrigt af den kendsgerning, at flere familier på trods af deres ridderværdighed ikke erklæres *magnati*.[149]

Fiumi konstaterer yderligere, at Salveminis teori om en modsætning mellem producenter og forbrugere forudsætter, at *magnati*'s formue er koncentreret i den immobile kapital. Dette havde været helt forkert, hvis *magnati* havde været identiske med den gamle feudale adel, som netop kendetegnes ved store besiddelser af jord og huse, men ingen handel. Men disse familier udgør kun otte ud af de 72 fra byen, der erklæres *magnati*. De resterende 64 slægter stammer fra det landlige borgerskab, som nu har etableret sig i byen og forbinder jordbesiddelser med handelsvirksomhed.[150]

Der findes altså ingen økonomiske årsager til en modsætning mellem *magnati* og *Popolo grasso*, tværtimod tilhører de det samme rige borgerskab, som har alsidige økonomiske interesser.[151] I øvrigt er båndene mellem *magnati* og *popolani*, slægtsmæssigt og økonomisk, så tætte, at de påståede sociale skel virker endnu mere tvivlsomme. Ydermere deltager mange fra det lavere borgerskab i de store slægters handelseventyr gennem mindre investeringer, hvilket gør, at også deres interesser knyttes til *magnati*. Økonomien splitter således ikke befolkningen, men samler den, og sociale faktorer kan derfor absolut ikke bruges til forklare stridighederne.[152]

Eftersom der ikke er noget socialt eller økonomisk grundlag for en distinktion mellem *magnati* og *popolani*, er der heller ingen sådanne motiver i kommunens lovgivning, hvilket Fiumi illustrerer ved en gennemgang af de områder, på hvilke Salvemini havde set en social motivation: skattepolitikken og indgrebene for at sikre forsyningen af fødevarer.

Fiumis grundige gennemgang af skattesystemets generelle udvikling i Toscana, og specielt i Firenze, tegner et billede af en gradvis tilpasning, ikke til sociale gruppers interesser, men til de økonomiske forhold og kommunens behov.[153] Man oplever overalt den samme tendens: fra *focolare*, som bygger på et fast beløb per husholdning, over *estimo/libra*, der opkræver en procentsats af den anslåede formue, til *dazio/gabella*, den indirekte beskatning gennem afgifter på økonomiske aktiviteter af enhver art. Alle disse former overlapper i lange perioder hinanden, og udviklingen på landet og i byen forløber i forskellige tempi. Fra midten af det 13. århundrede er den fremherskende beskatningsform i Firenze *estimo*. Fiumi bemærker, at det lå i denne vurderings natur, at den ofte måtte revideres, eftersom formuerne i denne tid med intensiv kapitalistisk udvikling hyppigt steg og faldt, og Salvemini tager således fejl, når han ser politiske motiver for alle revurderinger af skønnet.[154]

Mod slutningen af det 13. århundrede undergår beskatningssystemet en ny reform. Denne gang går man lidt efter lidt væk fra den direkte beskatning og indfører i stedet afgifter. Man beskatter altså ikke mere formue, men forbrug og andre økonomiske transaktioner som testamenter og medgifter, hvilket rammer befolkningens lavere lag hårdest. Denne udvikling starter under Prioratet, hvilket tydeligvis strider mod Salveminis opfattelse af et folkeligt styre, der har forbrugernes tarv for øje.[155] Årsagen til dette nye beskatningsprincip skal muligvis søges i den kendsgerning, at *estimo* i sagens natur må basere sig på den synlige rigdom, den faste ejendom, hvilket dårligt afspejler ydeevnen i et samfund, der i så høj grad præges af handel og transaktioner. Med *dazio/gabella* kan man beskatte alle de økonomiske aktiviteter, men for ikke at skade investeringerne kommer vægten til at ligge på det private forbrug.[156] Konkluderende må det siges, at skønt skattepolitikken undtagelsesvis kan påvirkes af personlige eller sociale interesser, er det fundamentale princip, at alle yder efter evne.[157]

På samme vis mener Fiumi ikke, at man kan påvise sociale årsager til lovene omkring forsyningen af fødevarer. At sikre befolkningen mod sult er ethvert styres opgave til alle tider af den simple årsag, at et sultende folk altid vil bebrejde ledelsen situationen. Et udsultet folk vil gøre oprør, og det er derfor i herskernes interesse at forudse og afhjælpe hungersnød. Dette kan derfor på ingen måde sættes i forbindelse med visse sociale gruppers dominans.[158] En gennemgang af Firenzes politik på dette område afslører således, at der allerede i 1219-1220 eksisterede et forbud mod eksport af korn, og at dette gentog sig i 1274-1276.[159] På samme vis har kommunen tit i truende situationer opkøbt korn til salg til en politisk bestemt pris, *a prezzo politico*, for at sikre befolkningens fourage. De strengeste indgreb falder ikke sammen med specielle sociale sammensætninger af ledelsen, men med de værste tilfælde af hunger. Det er altså oligarkiet selv, som iværksætter den restriktive politik for ikke at give folket anledning til oprør, og ikke et udtryk for forbrugernes dominans i kommunen.[160]

I et forsøg på at sammenfatte den florentinske kommunes udvikling drager Fiumi mange tankevækkende og provokerende slutninger. Mest overraskende er hans opfattelse af kommunens styreform. Den har ikke – som så mange historikere har ment – udviklet sig mod en stedse mere demokratisk karakter. Tværtimod. I den første tid var kommunen demokratisk, og parlamentet besluttede i alle væsentlige spørgsmål, men dette forandres brat, da kampene mellem byens store slægter i begyndelsen af det 13. århundrede antager en karakter, som styret ikke længere kan opdæmme. Hidtil havde kommunen udadtil handlet som én mand, og alle havde sluttet op om dens politik, men efter 1215 betyder kampen mellem ghibelliner og guelfer et definitivt farvel til demokratiet. Denne splittelse betyder, at vekslende fraktioner monopoliserer kommunens ledelse. Det er demokratiets død.[161]

Det er i denne forbindelse, at man skal se konflikten mellem *magnati* og *popolani*. På et tidspunkt, hvor det ikke længere giver mening at brændemærke modstanderne "ghibelliner", griber en fraktion til at genoplive den forældede opdeling i *milites* og *pedites* for at stemple sine modstandere. Der er tale om et demagogisk greb for at udnytte proletariatet i overklassens interne strid, og når disse masser i 1295 har udtjent deres rolle, bliver de på ny udmanøvreret.[162] Det er derfor helt misvisende, når man beskriver

Prioratet og *Ordinamenti di Giustizia* som fremskridt for demokratiet. I virkeligheden indskrænkes demokratiet konstant fra første halvdel af det 13. århundrede, og de brede masser udnyttes blot af det borgerskab, som trods interne stridigheder er økonomisk og socialt homogent.[163]

Fiumis arbejde bygger på et solidt og imponerende arkivarbejde. Hans slutninger forekommer altid funderede på en grundig forskning og støttes af mange referencer til kilderne. Som antydet er Fiumis meninger tit kontroversielle, hans tone er om muligt mere polemisk end Ottokars, og hans syn på udviklingen er endnu mere negativt. Hvor Ottokar, trods sin afvisning af sociale klasser med faste og fælles interesser, forsigtigt havde antydet en stræben mod en mere åben og regelmæssig forvaltning af kommunen i udviklingen op mod 1293, ser Fiumi kun en generel indsnævring af demokratiet i hele dette århundrede og i kampen mod *magnati* lutter snævre egoistiske motiver. Det kan på den baggrund falde svært at forstå, at han samtidig anser perioden for en af menneskehedens lykkeligste.[164]

Marvin Becker

Gennem tresserne kredser den produktive amerikanske historiker Marvin Becker flere gange om den florentinske republiks udvikling og *magnati*'s natur. Første gang han berører problemet er således i en artikel, der stiller spørgsmålet om, hvorfor den republikanske styreform overlevede så lang tid i Firenze, når den i andre byer afløstes af despoti. Ofte opstår diktaturet, når de gamle slægter søger at værne deres position mod de nyrige familier, men i Firenze fungerer laugene som smeltedigel for det hidtidige aristokrati og de nye købmandsslægter. Gennem optagelse i laugene blander mange af de gamle familier sig med de nye, og der opstår et merkantilt aristokrati. Dette aristokrati styrer gennem Prioratet, hvorved laugenes interesser sættes lig med kommunens, medens andre partikularistiske interesser undertrykkes. Når republikken kan overleve så længe i Firenze, skyldes det imidlertid også, at laugenes overklasse repræsenterer hele befolkningen undtagen arbejderne.[165]

Marvin Beckers interesse for den florentinske republik har over årene givet sig udslag i et væld af artikler, som krones af et værk i to bind om kommunens udvikling i det 14. og 15. århundrede.[166] Her nævnes spørgsmålet om *magnati* og *popolani* imidlertid kun en passant, og betragtningerne er kun et kort resume af konklusionerne fra en tidligere artikel, i hvilken Becker havde koncentreret sig om *magnati*'s natur, deres forhold til styret og deres udvikling gennem tiden.[167]

Magnati – en sammensat gruppe
Når Becker sætter sig for at beskrive *magnati*'s skæbne fra 1280 til 1343, understreger han, som alle historikere før ham, de store slægters hæmningsløse kampe som grunden til den første *sodamento*lov. Hans beskrivelse af årsagerne til loven står i tydelig gæld til Rubinstein, men for Becker er styrkelsen af staten ikke så meget et mål i sig selv som et middel til at sikre den fred, der var så brændende ønsket i samtiden, og som gav sig mangfoldige udtryk i kulturen.[168] *Magnati* er imidlertid en yderst kompleks gruppe, og ikke nok med at de udgør en fast del af Prioratet, flere af dem er blandt de varmeste forkæmpere for styrets forsøg på at opretholde ro og orden. Disse mænd havde støttet kardinal Latino i hans arbejde, og nu opmuntrer de pacificeringen af deres egen klasses mest uregerlige familier. Mere end halvdelen af byens *magnate*-familier er for øvrigt mellem 1282 og 1293 indskrevet i de store laug; de adskiller sig kun lidt fra de store borgerlige familier og skal i reglen ikke engang stille kaution, eftersom man anser dem for lovlydige borgere med et respektabelt erhverv.[169] Hvis man udelukkende analyserer denne periodes rådsreferater, kan man ikke komme til anden konklusion end, at årtiet 1282-1292 præges af et idyllisk forhold mellem *magnati* og de store *popolani*. Således har Fiumi kunnet underbygge sin påstand om fordragelighed mellem de to grupper, som ikke adskiller sig socioøkonomisk, og påvise, at *magnati* konstant er at finde i kommunens ledelse. Dette er alt sammen sandt, men kun en delvis sandhed. Det er også vigtigt at understrege, at *magnati* på intet tidspunkt udelukkes fra samtlige offentlige stillinger, hvilket også ville have været stik imod tidens aristoteliske retsfilosofi. Ethvert styre er afhængigt af støtte fra et flertal af de store *popolani* og *magnati*, men ikke desto mindre er der afvigende elementer, og det er her, det gængse syn på *magnati* viser sin utilstrækkelighed. Man kan nemlig ikke bedømme hele gruppens karakter ud fra referaterne,

eftersom det kun er de *magnati*, der er enige i styrets mål, de samarbejdsvillige, som får adgang til at deltage i ledelsen af kommunen.[170]

Men der er også en anden type *magnati* – til tider endog beslægtet med de samarbejdende – som fortsætter det lovløse liv, hvad kommunens ledelse end siger eller gør. Thi trods lovgivningen og skabelsen af borgervæbningen lykkes det kun undtagelsesvis at skabe fred mellem de stridbare slægter, og det er der flere grunde til. For det første er disse *magnati* stærke og hensynsløse individualister, og de indgyder resten af befolkningen en besynderlig blanding af had og beundring; en mand som Corso Donati bliver forbandet i den ene sætning, blot for at blive prist i den næste.[171] En anden årsag til den manglende succes er, at domme over *magnati* meget ofte annulleres. Denne manglende konsekvens skyldes til dels Middelalderens dualistiske mentalitet, hvor folket det ene øjeblik ønsker nådesløs straf over de mægtige, det næste storladen tilgivelse. Ydermere er domstolene ikke uafhængige, og enhver dom kan tilsidesættes af byens herskere. Denne mulighed bliver ofte benyttet, da byens overklasse trods alt er så tæt knyttet sammen; mange rige borgere er således garanter, *fideiussores*, for de lovløse *magnati*, som ikke kan eller vil stille den lovbefalede kaution. Når en sådan *magnate* dømmes, har disse borgere selvsagt den største interesse i at se ham benådet og derved spare den enorme udskrivning. Et andet udslag af Middelalderens tætte sociale kontakt og åbne offentlige livsstil er, at byens ledere ofte kender lovbryderen og er bevidste om de alvorlige konsekvenser, en dom kan få for ham og hele hans familie.[172] Hvorom alting er, så er tidens tendens, at staten i stedse højere grad tilkæmper sig den jurisdiktion, som før lå i de private organisationer, en udvikling *magnati* modtager med blandede følelser, idet nogle byder den velkommen, medens andre foragter den.[173]

Hvad angår *magnati*'s deltagelse i Prioratet 1282-1292, har Ottokar søgt at modbevise Salvemini og Davidsohns teori om klassekamp ved at henvise til, at 12 procent af priorerne er *magnati*, men dette argument er ikke overbevisende. For det første er de *magnati*, der deltager i styret, som sagt ikke typiske for hele gruppen, og for det andet er selv 12 procent en underrepræsentation, eftersom man kan skønne, at *magnati* udgør hen ved en fjerdedel af byens rigeste indbyggere og halvdelen af de store laugs medlemmer. De *magnati*, som sidder med i regeringen af kommunen, og de store *popolani* er alle kapitalister og udgør en stort set homogen gruppe. Men hvor repræsentativ er denne ret lille fraktion af samarbejdende for den samlede uensartede gruppe af *magnati*, og hvordan stiller det ekskluderede flertal sig til styrets politik? Her har såvel Salvemini og Davidsohn som Ottokar og Fiumi fejlet. De første har søgt tegn på *magnati*'s uenighed i rådenes referater, hvilket ikke eksisterer, eftersom kun den samarbejdsvillige fraktion er repræsenteret. De sidste har fejlagtigt antaget, at denne minoritet er repræsentativ for alle *magnati* i byen og på landet.[174]

Hvis byens 72 *magnate*-familier er splittede i spørgsmålet om samarbejde med styret, så er Prioratets politik generelt set en besk drik for alle de cirka halvfjerds *magnate*-familier på landet. Disse slægter har traditionelle feudale privilegier og er vant til en udstrakt handlefrihed. De mishandler landbefolkningen, de plyndrer på landevejene, og de besætter kirkelig ejendom. Men i det 13. århundrede er Firenze, som sine naboer, optaget af at blive selvforsynende, og det må nødvendigvis betyde kontrol over *contado*. Derfor søger man nu at tvinge *magnati* på landet til lydighed, og selv om visse stormænd formår at beholde enkelte feudale privilegier, er den generelle tendens tydeligt mod større kommunal suverænitet over hele territoriet.[175]

Nettet strammes om de hensynsløse og mægtige individualister, disse anti-sociale *magnati*, og det er bemærkelsesværdigt, at *Ordinamenti* indføres i en tid, hvor den massive anvendelse af lejesoldater er langt væk – deres dominans i hæren opstår først i 1330'erne – og *magnati* stadig udgør hærens rygrad. *Magnati* danner i de kommende årtier fortsat eliten i kommunens hær, desuagtet strammer man lovgivningen i 1309, 1321 og 1324, og man må derfor afvise forsøg på at sætte lovene mod *magnati* i forbindelse med en svindende militær betydning.[176] Indtil 1293 har man manglet en præcis definition af *magnati*, og mange familiemedlemmer, som teoretisk set skulle have stillet kaution, er blevet fritaget, ikke mindst på grund af den herskende klasses forbindelser til *magnati*. Med *Ordinamenti* indføres en nøjagtig og konsekvent overholdt definition, som identificerer *magnati* med adelen, en proces der har været undervejs siden 1289.[177] Når det hårde slag sættes ind mod disse store slægter præcis nu, så skyldes det i stor udstrækning de krige, som i denne tid medfører så store ofre og så få gevinster for byens befolkning. Hvis man betragter listen over *magnati*, finder man navnene på de familier, der har stået for krigsførelsen. Derimod mangler flere slægter, som samtiden bestemt ville have anset for adelige, men som ikke har været så dybt involverede i de foregående års politik, og hvoraf visse endog er varme fortalere for den folkelige revolution.[178]

I tiden frem til 1293 har kommunens ledelse været i hænderne på en elite af store *popolani* og *magnati*, hvis medlemmer gang på gang er blevet valgt til de højeste poster, men i november 1292 sætter oprøret ind mod denne gruppe: Man ønsker en regering baseret på selve laugene, ikke kun på deres mægtigste slægter. Man vil, gennem indførelsen af den juridiske kategori *"magnati"*, stække disse store familiers magt og skabe et styre baseret på laugene som en kollektiv størrelse. Nu bliver lovens bogstav ført ud i livet med en hidtil uset konsekvens, og langt flere medlemmer af *magnate*-slægterne skal stille garanti og kommer derved under *Ordinamenti*'s åg. Men på den anden side er der stadig mulighed for at give dispensation til de mere samarbejdsvillige, og hele slægter bliver strøget af listen, hvis de ikke har stillet kaution i de sidste 5 år. Endnu en bekræftelse på det fleksible forhold, som styret har til *magnati*.[179]

I modsætning til så mange andre historikere begrænser Becker ikke sin interesse til tiden indtil 1295, men fortsætter undersøgelsen og skildrer minutiøst, hvordan den inkonsekvente politik for at disciplinere *magnati* fortsætter i det 14. århundrede. Denne blanding af pres, straf og tilgivelse skyldes, at de store *popolani* ikke ønsker at knuse *magnati*, men at presse dem inden for samfundets rammer og at samarbejde med dem om ledelsen af kommunen. Først ved det, som Becker betegner som "den folkelige revolution" i oktober 1343, knækkes denne gruppes magt definitivt. Titlens ord om politisk fiasko skal altså forstås som det blandede patriarkats manglende succes. En styreform, hvor ledelsen sammensættes af stærke individer – og hvor man ofte tilgiver de mægtiges lovbrud – afløses således af den begyndende Renæssancestat, hvor loven hersker, og hvor den herskende klasse gennem undertrykkelsen af den politiske individualisme bliver mere sammenhængende.[180]

Marvin Beckers syn på konflikten lader sig ikke rubricere som tilhørende hverken Salveminis eller Ottokars skole, thi hvis han på den ene side afviser socioøkonomiske forskelle på *magnati* og de store *popolani*, benægter han også, at der skulle eksistere en grundlæggende harmoni mellem dem. Becker mener, at mange moderne historikere anakronistisk forudsætter en rationel økonomisk tankegang som grundlag for de politiske handlinger, noget som bestemt ikke altid var tilfældet i Middelalderen.[181] Forskellen på de stridbare *magnati* og de rige *popolani* ligger ikke i deres økonomiske situation, men i deres værdier! En kulturel kode som medfører, at disse *magnati* opfører sig enerådigt og nægter at anerkende fællesskabets autoritet. Dette kan minde meget om Rubinsteins tolkning, men Becker præciserer, at man ikke søger at eliminere vendettaen – dertil er den alt for indgroet i hele samfundets kultur – kun at regulere den og undgå dens mest forstyrrende virkninger på livet i kommunen.[182] Beckers anskuelser er altid meget nuancerede, og næsten ingen konstatering får lov at forblive uden modifikationer. Beklageligvis underbygges mange af Beckers mest spændende teorier ikke med solide referencer til kilderne og får således, hvor sandsynlige de end måtte forekomme, lov at stå som postulater. Dette gælder blandt andet den gradvis opbyggede identificering af adel med *magnati* i årene 1289-1292, modsætningen mellem samarbejdsvillige og oprørske *magnati* og selve oplysningen om, at halvdelen af *Arti maggiori*'s medlemmer var *magnati*.

Giovanni Tabacco

Tresserne og halvfjerdserne byder på mange bidrag, der mere eller mindre direkte genoptager spørgsmålet om konflikten mellem *magnati* og *popolani*. De fleste lægger sig ganske tæt på Ottokars idéer og bidrager ikke med væsentligt nye tolkninger. Først i 1974 brydes den konsensus, som har præget den italienske historieskrivning om emnet.

Denne periodes mest interessante bidrag kommer således fra Giovanni Tabacco, og det ikke i en specialiseret artikel eller bog om emnet, men i et kapitel om sociale og politiske strukturer i den italienske Middelalder i Einaudis store Italienshistorie.[183] Havde det drejet sig om snart sagt enhver anden historiker, var resultatet nok blevet et kort resumé af den hidtidige debat, en slags hastig forskningsoversigt, men Tabaccos evne til at udtrykke selv meget komplicerede sammenhænge i koncentreret form og hans store viden om emnet gør, at de "sølle" ti sider, han helliger spørgsmålet, præsenterer spændende og nye vinkler på konflikten, skønt der selvfølgelig ikke er plads til mange detaljer.

Klassekamp og styrkelse af *respublica*
Det florentinske samfund bliver i det 13. århundrede mere komplekst end nogen sinde før. Guelfer og ghibelliner, laug, *consorterie*, adel og *Popolo* strides indbyrdes og fletter sig ind mellem hinanden. Den sociale mobilitet er desuden høj, og det er derfor svært at udtale sig entydigt om årsagerne til de stridigheder, som præger byen. Man kan aldrig pege på kun én årsag. Det er således helt på sin plads, at man har kritiseret Salveminis skematiske fortolkning af kampen mellem *magnati* og *Popolo*, men kritikken har skudt over målet, og historikere som Ottokar og Fiumi har drænet selve begreberne *nobiltà* og *Popolo* for indhold, så de er fremstået som simple navne på fraktioner blandt byens mægtige familier.[184] Men for Tabacco er klassekampens betydning ikke til at komme udenom, skønt den på intet tidspunkt udgør stridens eneste motiv, da fraktioners, laugs og andre organisationers interesser også spiller ind.[185] Hvorom alting er, forbliver konfliktens omdrejningspunkt den arrogance og voldelighed, der præger stormændene, *nobili e grandi*, og det paradoks, at kommunen ikke kan undvære disse besværlige elementers militære og diplomatiske ekspertise.

Den militære livsstil, som karakteriserer adelen, udtrykker netop traditionen for politisk magt som fysisk kraft til at undertrykke og dominere. Men adelen er ikke udelukkende en politisk defineret klasse, den har også en specifik stilling i det økonomiske system. Det drejer sig ikke kun om dens jordbesiddelsers størrelse, men især om de særlige autoritetsforhold, som hersker i de områder den kontrollerer. Landbefolkningen skylder her herremændene en vis mængde arbejde og loyalitet, og denne økonomiske struktur danner en stor del af grundlaget for adelens magt i by og på land. Adelen befinder sig i kontrast til både landbefolkningens kommunale bevægelser og *Popolo*'s organisationer i byen, men den er for splittet til at kunne handle samlet. Til gengæld ser man mange steder, at byerne bidrager til at befri landbefolkningen fra adelens bånd, hvilket tit skyldes ønsket om at bekæmpe enkelte familiers magt, men som mere generelt også er et forsøg på at svække adelens position.[186]

I anden halvdel af det 13. århundrede kan man imidlertid ikke længere trække linierne klart op mellem adel og *Popolo*, thi i byerne stiger flere borgerlige familiers magt eksplosivt, og de giver sig til at efterligne adelen: De stifter *consorterie*, de udvider deres jordbesiddelser, de danner væbnede klienteller, og de opfører tårne. Dette udvisker nok til en vis grad linierne mellem de to klasser og forandrer *Popolo*'s natur af organisation for klassekamp, men det ændrer ikke på det grundlæggende ønske om at bekæmpe de mægtiges magtbrynde. Kampen bliver hårdere – skønt fronterne på ingen måde er klare – og fører til lovene mod *magnati*. Disses manglende konsekvente juridiske definition af *magnati* og deres mange undtagelser kan give det indtryk, at udelukkelsen fra de styrende organer hviler på en fiktiv modsætning mellem *magnati* og *popolani*, men skønt fraktionsinteresser også spiller ind, så fokuserer definitionerne altid på den militære adels attributter.[187]

Ottokar mener, at *Ordinamenti di Giustizia* er udtryk for et ønske om at ramme hele det gamle oligarki og tager erklæringen af flere familier fra *Calimala* som *magnati* til indtægt derfor, men deri tager han delvis fejl. Udstrækningen af begrebet *magnate* til medlemmer af *Popolo* viser i virkeligheden, at der er tale om sand klassekamp, idet man nu ikke tager hensyn til familiens herkomst eller tilhørsforhold til laugene, men udelukkende til dens sociale og politiske position. Man udvider begrebet *magnate* til at dække de arrogante familier, som har fjernet sig mest fra *Popolo* og gennem venskab, familiebånd og især handelsforbindelser har solidariseret sig med *magnati*.[188] Hvor man andre steder i Italien i sidste halvdel af det 13. århundrede begynder at lukke den hidtil "åbne" adel, ser man i Firenze, at selve *Popolo* brydes, og at man opfatter hele oligarkiet som adel.[189]

Når det 13. århundredes kommuner er så institutionelt ustabile, så svarer det nøje til nødvendigheden af fleksibilitet. Således tillades det nye magtfulde grupper at deltage i ledelsen af et samfund i konstant social udvikling. Kampene mellem fraktionerne guelfer og ghibelliner blander sig ofte med klassekampen, og intetsteds er dette tydeligere end i Firenze. Og samtidig med at *Popolo*'s kamp mod adelen til tider betyder alliancer med den ene af dens to fraktioner, så udvikler en del af de store folkelige familier sig mod *magnate*-status. Alt dette betyder voldelige sammenstød. Den slags kamphandlinger er på ingen måde en nyhed, men nu er befolkningen meget større, bedre koordineret og adelens håndgangne mænd talrigere end før, og det sker på samme tid, som borgerskabets juridiske og fornuftsprægede kultur søger mere holdbare og rationelle løsninger på byens ledelse. Kampene vokser i styrke netop dér, hvor udviklingen gør dem mest uacceptable.[190]

Lovgivningen mod *magnati* har altså dels en klassepræget natur – men er på samme tid påvirket af fraktionerne – dels udtrykker den behovet for at undertrykke vendettaen og den voldelige livsførelse, som er så typisk for riddernes livsstil. Dette sidste formål kommer flere gange klart til udtryk, særlig i *sodamento*-loven af marts 1281. Med denne lov går man videre end blot til at se kommunen som opmand: Kommunen står her som den eneste legale fysiske magt, qua dens funktion som eksponent for fællesskabet, og ikke som udtryk for en dominerende gruppe, en tendens som skal udvikles i de kommende års lovgivning.[191] Således eksisterer de sociale motiver side om side med de "statslige".[192] Dette gælder også *Ordinamenti*, thi nok skyldes de *Popolo*'s interesse i at stække adelens magt, men sandelig også indignationen over de mægtiges voldelige adfærd og over oligarkiets magtmisbrug. Men netop en mere velordnet administration havde flere gange været på dagsordenen for de sidste års oligarki, og som sådan er *Ordinamenti* ingen omvæltning, men snarere en energisk fortsættelse af den politiske linie. Derfor ser man også, at det revolutionære styres fald i 1295 ikke betyder tilbagetrækningen af *Ordinamenti*, thi hvis de på den ene side nok skyldtes *Popolo minuto*'s oprør, udtrykker de samtidig det mere generelle ønske om offentlig fred.[193]

Skønt Tabacco kun behandler konflikten mellem *Popolo* og *magnati* forbigående, og til trods for at han på intet tidspunkt refererer til kilderne – og kun ret begrænset til historiske fremstillinger – fremstår hans bidrag som seriøst og velfunderet. Tabacco er på ingen måde polemisk, men er dog yderst kritisk over for Ottokar og hele den skole, som benægter sociale motiver for konflikten. For Tabacco er der tale om en videreførelse af den allerede gamle kamp mellem den adel, som oprindeligt havde monopol på magten, og den klasse af borgere, som gennem sine handelsaktiviteter har opnået økonomisk magt og nu søger at erobre den politiske magt. Men Tabaccos fortolkning er på ingen måde så "mekanisk" som Salveminis, thi nok ser han en økonomisk basis for de forskellige klasser, men konflikten giver sig ikke så meget udtryk i økonomiske spørgsmål – således omtaler Tabacco på intet tidspunkt Salveminis tre økonomiske stridspunkter mellem *magnati* og *Popolo* – som i de forskellige kulturer og politiske ambitioner dette grundlag medfører: en konflikt som primært giver sig udslag i en kamp om kontrollen over overbygningen, for nu at bruge en marxistisk terminologi. Det er sandt, at Tabacco samtidig understreger fraktionernes betydning for lovenes udformning, men det drejer sig nærmere om forstyrrende faktorer end om den egentlige årsag, der skal findes i ønsket om at stække adelens magt og at opnå en mere velordnet administration af samfundet.

Men man må samtidig erindre, at for Tabacco er intet simpelt eller lineært forløbende. Kommunen Firenze er i anden halvdel af det 13. århundrede et uhyre komplekst samfund, hvor mange grupperinger strides om magten på forskellige niveauer, og hvor skellene mellem grupperne ofte udviskes, blandt andet som følge af den store sociale mobilitet. Men fundamentalt er ledetråden, at *Popolo* bekæmper adelens ambitioner om at genoprette det magtmonopol, den tidligere har besiddet – også selvom de oprindelige grænser mellem de to klasser udviskes gennem århundredet –, og samtidig søger *Popolo* et mere reguleret samfund, hvor den fysiske magt udøves af fællesskabet, ikke af de stærkeste. Man kan således på sin vis se Tabaccos analyse som en udvikling af Rubinsteins afsluttende indrømmelse af de sociale motivers vigtighed ved siden af tendensen til at styrke kommunens autoritet.[194]

Sergio Raveggi med flere

I midten af halvfjerdserne afholdes på Firenzes universitet et toårigt seminar under ledelse af Elio Conti om den florentinske kommune i den sene Middelalder. Det må have været et særdeles produktivt og inspirerende milieu, thi det resulterer i adskillige specialer om den herskende klasse i kommunen 1150-1300. Flere af disse er gruppearbejder, hvilket også til dels er tilfældet med de fire specialer af Daniela Medici, Patrizia Parenti, Sergio Raveggi og

Massimo Tarassi. Deres specialer har samme emne, samme metode, grundlæggende samme opfattelse af hændelserne, og de har samarbejdet om en del af analysen. Den eneste forskel er perioderne, idet opgaverne i forlængelse af hinanden dækker tiden 1260-1300.

Da de fire specialer i 1978 udkommer i bogform, er de blevet redigeret og afpasset efter hinanden. Den oversigt over alle de tilgængelige oplysninger om økonomiske og politiske forhold for alle de store familier 1260-1300, *Repertorio analitico delle famiglie della classe dirigente fiorentina (1260-1300)*, som der før var blevet henvist til, er nu indarbejdet i fodnoterne[195]. Formålet med arbejdet er et kritisk gensyn med hovedpunkterne i polemikken mellem Ottokar og Salvemini. Metoden er fundamentalt set en gentagelse af Ottokars analyse af det herskende lag, *il ceto dirigente*, under inddragelse af flere kilder og som sagt en udvidelse af analysen til en længere årrække, idet forfatterne mener, at det vil være gavnligt for forståelsen at forstørre perspektivet fra den sædvanlige periode 1280-1295. Forfatterne sætter sig for at analysere den herskende klasses interne dynamik, altså den sociale og individuelle cirkulation, som finder sted inden for kredsen af deltagere i den politiske magt. I denne hensigtserklæring ligger allerede en udfordring af Ottokar, der jo havde set denne elite som statisk 1267-1293, og forfatterne bekender sig da også til en tolkning, som – i lighed med Tabacco – genoptager den sociale konflikt som forklaringsfaktor.[196]

Endskønt jeg er fuldstændig enig med forfatterne i det frugtbare i at udvide perspektivet til den guelfiske periode, finder jeg det ghibellinske regime 1260-1266 en kende marginalt i forhold til debatten om *magnati* og *popolani*. Jeg vil derfor ikke beskæftige mig med Sergio Raveggis afsnit, skønt det bestemt fortjener opmærksomhed, da det kaster lys over en ofte forsømt tid, og fordi det i mine øjne repræsenterer det akademisk set bedste arbejde af de fire.[197]

Det guelfiske regime
Når Massimo Tarassi, forud for at analysere den guelfiske periode 1267-1280, ser nærmere på den forvirrede situation, som opstår i Firenze mellem Manfredis død i februar 1266 og Charles d'Anjous indtog i april 1267, indtager han et synspunkt, der i det store og

hele følger Salvemini. Der var tale om en kamp mellem guelfer, ghibelliner og *popolani* – primært *Popolo minuto*, eftersom de store *popolani* jo efter pavens pres havde fjernet sig fra styret –, i hvilken *Popolo* forfølger sine egne mål i strid med begge aristokratiets fraktioner. Efter en periode, hvor de søger at redde deres styre gennem et samarbejde med *Popolo*, forsøger ghibellinerne et kup, og da dette slår fejl, følger en periode med *Popolo*'s enevældige styre efter samme mønster som i 1250-1260. Dette regime bringes til ophør med Charles d'Anjou og de eksilerede guelfers ankomst i april 1267, hvor et decideret guelfisk fraktionsstyre sætter sig på magten med organisationen *Parte Guelfa* i en central position.[198]

På grund af den sparsomme dokumentation er det begrænset, hvad man kan konkludere om *Parte Guelfa*'s oprindelse og udseende. Under alle omstændigheder må den være opstået lang tid før 1267, og dens betydning for den herskende klasse under det guelfiske styre er indiskutabel. Derfor har diskussionen om denne periodes ledelse af kommunen samlet sig om *Parte Guelfa*'s natur. Salvemini og Davidsohn så den som lukket og aristokratisk, hvorimod Ottokar opfattede den som mere åben over for de merkantile lags interesser.[199]

Den guelfiske epoke er kendetegnet af et væsentlig bedre kildemateriale end den foregående periode, både kvantitativt og kvalitativt. Kilderne lader dog stadig meget tilbage at ønske, og skønt det økonomiske liv nu er ganske godt dokumenteret, så står det politiske univers hen i tåger. Til at belyse den guelfiske elite hjælper *Libro di Montaperti* og *Liber Extimationum*, men til forståelsen af selve *Parte Guelfa* eksisterer der meget få kilder.[200] Det billede, Tarassi tegner af eliten i det ny styre – forstået som de familier der oftest deltager i styret –, viser en langt mere sammensat og åben klasse, end tilfældet var i den ghibellinske periode. Mange *popolani*, især medlemmer af *Calimala*, har ved deres økonomiske og politiske dristighed vundet ret til at deltage i styret og optages nu i eliten.[201] Disse slægter har ganske vist også før deltaget i politik, men aldrig før så intensivt som nu, en indflydelse som utvivlsomt skyldes deres forbindelser til paven og Charles d'Anjou. Men hvor stor indflydelse disse nye slægter end opnår, så er det stadig de gamle aristokratiske familier, der har det afgørende ord, og selv om disse velstående *popolani grassi* har bedre mulighed end før for at deltage i kommunens ledelse, så dominerer det traditionelle aristokrati stadig gennem sin massive og konstante tilstedeværelse.[202]

Ud over eliten kan man identificere en bredere herskende klasse, der deltager i politik på topplan, men ikke så hyppigt som elitens medlemmer. I lighed med den guelfiske elite fremstår også denne herskende klasse som mere kompleks og nuanceret end under det forrige styre, hvilket Tarassi primært tilskriver den bedre dokumentation. Den meget sammensatte herskende klasse består af slægter af ældre eller yngre proveniens, af forskellig social baggrund, og de deltager mere eller mindre aktivt i styret. Én gruppe adskiller sig således udelukkende fra den føromtalte elites guelfiske aristokrater ved – af ukendte årsager, muligvis blot manglende dokumentation – at være sjældnere repræsenteret i de styrende organer. Bortset herfra har de ofte tilhørt det konsulære aristokrati, deres indtægter kommer primært fra fast ejendom, og de skal også i 1293 alle erklæres *magnati* som følge af deres rigdom, deres prestige og deres *grandezza*.[203] Også aristokratiske familier, der har været splittede i deres loyalitet mellem ghibelliner og guelfer, kan regnes til den herskende klasse, og de rammes også alle i 1293. Desuden deler dommerne og notarerne vigtige karakteristika med aristokratiet – såsom stolte traditioner, prestige og væsentlige formuer i fast ejendom – hvilket medfører, at de føler sig mentalt beslægtet med dette. Det er dog langtfra alle dommere og notarer, der erklæres *magnati*.[204]

Hvad angår den herskende klasses forhold til handels- og bankiervirksomhed, konstaterer Tarassi, at den er langt mere åben over for disse nye nødvendigheder, end det ghibellinske aristokrati havde vist sig.[205] Dette, kombineret med de forbedrede betingelser for den internationale økonomiske aktivitet som følge af forholdet til huset Anjou og paven, gør, at borgerskabet nu genoptager sin udvikling i fuldt tempo. Disse mægtige bankier- og handelsslægters velstand og indflydelse er af nyere dato og skyldes merkantil aktivitet, ikke aristokratiske aner, traditionel prestige eller fast ejendom. Men bortset fra dette minder mange af dem i et og alt om de hidtil omtalte familier, og den eneste årsag til, at en del af dem ikke erklæres *magnati* i 1293, er, at ingen af deres medlemmer endnu er blevet riddere.[206] Andre af disse bankierfamilier klarer ikke frisag. Dette gælder blandt andre Cerchi, som Charles d'Anjou takker for støtten til sin ekspedition ved i 1267 at slå hele ni af dens medlemmer til ridder.[207] Men det mest fornyende element i disse år udgøres ikke af denne gruppe af store bankierslægter – Cerchi, Mozzi, Spini, Frecobaldi etc. – der alle skal stemples som *magnati*, men af de familier, krønikerne omtaler som mægtige, *popolane potenti*. Tarassi mener, at Ottokar i grunden havde ret i, at disse slægter – Acciaioli, Canigiani, Falconieri etc. – endnu ikke adskiller sig væsentligt fra førnævnte, thi ved den guelfiske periodes start udgør de en homogen gruppe. Men netop under dette styre begynder de at udvikle sig i forskellig retning, og en del af dem erhverver de karakteristika, der skal udpege dem som *magnati*; andre bevarer – af held, forudseenhed eller politisk beregning – et ry for "folkelighed", og de bliver siden, især efter 1295, Firenzes sande herrer.[208] Det guelfiske styre ser således en blanding af nye og gamle slægter, uden at der endnu kan spores nogen åben konflikt mellem gammelt aristokrati og *Popolo grasso*. Det er en konsolideringsfase for *Popolo grasso*, hvorunder dets medlemmer modnes socialt og politisk, et forspil til deres udfordring af aristokratiet under Prioratet 1282-1292 og i endnu højere grad til deres effektive magtovertagelse efter 1295. Den herskende klasse er under det guelfiske regime i konstant bevægelse, nye kræfter kæmper sig fredeligt frem. Den herskende klasse i Firenze forandrer i denne periode langsomt og stilfærdigt men sikkert udseende.[209]

Tarassi er således ikke uenig med Ottokar i påstanden om, at det guelfiske styre ikke er en ugunstig tid for de folkelige interesser, men disse *interessi popolari* skal ses i det rette lys, nemlig at styret primært tilgodeser det traditionelle aristokrati, dernæst de fremtidige *magnati* af borgerlig herkomst og til sidst de mægtigste *popolani*, der ikke antager aristokratiets livsstil.[210] Det samme mønster reproduceres i mindre omfang i *Parte Guelfa*, og man må derfor slutte, at denne organisation hverken er så åben, som Ottokar mente, eller så lukket, som Salvemini og Davidsohn så den. Men Ottokars fundamentale påstand om, at der ingen væsentlige forandringer sker i den herskende klasse fra 1267 til 1293, må forkastes. Klassen er i konstant udvikling. Hvor det traditionelle aristokrati og de kommende *magnati* 1267-1280 dominerer det ny element af *Popolo grasso*, så er det modsatte tilfældet 1282-1292.[211]

Prioratets første ti år

Kardinal Latinos fred betyder, at fjendskabet mellem de traditionelle fraktioner, guelfer og ghibelliner, atter kan blusse op inden for Firenzes mure. Således svækkes den aristokratiske klasse, og derfor kan det stærke merkantile lag nu sigte på en reel magtovertagelse, bestræbelser der resulterer i Prioratet.[212] Med denne beskrivelse erklærer Daniela Medici, ligesom sine studiekammerater, tydeligt sin overbevisning om den sociale kamps betydning for analysen af det politiske liv i Firenze. Dette er også klart i hendes vurdering af lovene fra marts og juli 1281. De indføres ganske vist for at bekæmpe uroen, men de retter sig mod en specifik social gruppe. De gennemføres på initiativ af medlemmer af den merkantile verden, der udelukkende har deres forretninger for øje, og for hvem ustabiliteten derfor er skadelig.[213]

Når Prioratet kan opstå, skyldes det blandt andet den internationale situation, men den underliggende årsag er den magt, det stadig stærkere merkantile borgerskab har opnået. De store traditionelle guelfiske slægter, der er tilknyttet laugene, bidrager også, men det sker nødtvungent, fordi de nu befinder sig i en underlegen position i forhold til det ny herskende lag. *Popolo grasso* har den fordel i forhold til det traditionelle aristokrati, at de politiske stridigheder dæmpes af den fælles interesse i at opnå de bedste forhold for handlen, og disse medlemmer af de store laug besidder ydermere en bevidsthed om at udgøre byens produktive lag. Dette medfører, at man kan tale om en klasse, dog uden skarpe grænser, i forhold til aristokratiets splittede slægter.[214]

Medici anser Ottokars analyse af den herskende klasse 1282-1292 for fundamentalt god, skønt ikke fejlfri, men hun mener, at den bør udvides. Hun vil se på hele den politiske verden, ikke kun Prioratet, og således inddele den herskende klasse i to dele: 1) de der deltager i Prioratet, og 2) de der deltager i det politiske liv på lavere niveauer. Hvorom alting er, forbliver Prioratet det vigtigste, og spørgsmålet er, om det – som Ottokar hævdede – er i hænderne på et snævert oligarki eller er åbent for bredere dele af *Popolo*. Eliten inden for Prioratets herskende klasse er særdeles heterogen, og flere af slægterne fra den gamle guelfiske elite synes ikke at tabe deres indflydelse i denne tid, især ikke de bankierfamilier (Bardi, Spini etc.), der havde udgjort den guelfiske elites mest fornyende element i forhold til de traditionelle aristokratiske slægter. Også de ægte aristokratiske familier finder til en vis grad plads i Prioratet, men hvor de før havde dikteret betingelserne for *popolani*'s deltagelse, er det nu omvendt. Man skulle derfor forvente, at de ville lade sig "borgerliggøre", selv gå aktivt ind i storhandel og tillægge sig den merkantile kulturs værdier og adfærd, på samme vis som *popolani* før har tillagt sig aristokratiets livsstil for at indpasse sig i den herskende kultur. Dette ville være en naturlig social udvikling, men det sker kun sporadisk. Reglen er, at de traditionelle aristokratiske familier holder på deres vaner og livsmønster.[215]

Udviklingen løber fra det gamle aristokrati, og magten glider langsomt over i hænderne på de nye slægter, hvis velstand og magt skyldes deres energiske økonomiske aktivitet. Når man betragter den økonomiske og sociale udvikling, fremstår Prioratet således ikke som en revolutionær begivenhed, men som en nødvendig institutionel konsekvens.[216] Prioratets elite består af såvel medlemmer af den foregående elite som nyere slægter fra *Popolo*, men det må understreges, at man næsten ingen helt ubeskrevne blade kan finde, noget der ikke er så sært, når man erindrer, hvor mange muligheder en middelalderkommune frembyder for politisk deltagelse i forskellige institutioner. Det sande kriterium for slægters og gruppers betydning ligger således ikke i ren og skær deltagelse, men i regelmæssig deltagelse. Ud fra denne betragtning kan Medici konstatere, at Prioratet betyder stor politisk fremgang for en gruppe slægter, som i de foregående 20 år kun sporadisk har beklædt betydelige poster, og som nu med deres massive tilstedeværelse afgørende forandrer den herskende elites sociale sammensætning. Det drejer sig om familier som Ardinghelli, Albizi, Magalotti og mange andre, der alle kommer fra byens merkantile borgerskab, og som inden for *Arti maggiori* – primært *Calimala* – har øget deres rigdom og magt.[217]

Men hvis de traditionelle familier fortsat har stor indflydelse, hvilken betydning skal man så tillægge lovene mod *magnati*? Kan man med Ottokar hævde, at de kun har til formål at opretholde lov og orden, eller havde Salvemini ret, da han mente, at man søgte at bekæmpe *magnati*'s magt? Et spørgsmål man kun kan besvare ved at vurdere, i hvilket omfang indgrebene reelt begrænser *magnati*'s politiske indflydelse. Medici konkluderer, at mange fremtrædende guelfer fra den forrige epoke tilsyneladende bevarer deres politiske prestige, men fremhæver alligevel det ekstraordinære i at ramme en speciel social klasse, hvis magt man søger at begrænse.[218] Ved nærmere eftersyn opdager man tilmed, at denne gruppes tilstedeværelse i institutionerne er mere kvantitativ end kvalitativ. Med andre ord, så deltager *magnati* ofte i rådene, de får mange æresposter og diplomatiske hverv, men langt fra i så høj grad i den vigtigste institution, Prioratet. Desuden er det sandt, at *magnati* besætter 13 procent af Prioratets pladser 1282-1292, men det gør de ikke længere som følge af deres traditionelle prestige, men i deres egenskab af prominente medlemmer af *Arti maggiori*. Hvis man derudover skelner mellem det ægte aristokrati og de nyere *magnati* af merkantil herkomst som Bardi og Cerchi, så står de førstnævnte nu kun for 15 af Prioratets 381 medlemmer.[219] Derimod har den guelfiske elite, både aristokrater og de store bankierer, næsten monopol på diplomatiske missioner, på at være *podestà* og *capitano* i andre kommuner og på ledelsen af *Parte Guelfa*, hvis betydning for kommunens militære aktiviteter er umådelig. De guelfiske *magnati* har således en central placering i kommunens udenrigspolitik, og ingen har mere end de interesse i den offensive politik, som Firenze fører mod de ghibellinske byer fra 1284, og efter slaget ved Campaldino i 1289 lader det endog til, at de forøger deres politiske indflydelse i kommunen.[220]

For den ghibellinske elites vedkommende er historien en ganske anden. Først de mange konfiskationer efter guelfernes magtovertagelse, så det lange eksil 1266-1280, der havde fået mange af de mindst kompromitterede til at forlade fraktionen, og endelig kardinalens fred, som nok havde bragt ghibellinerne tilbage i kommunens ledelse for en kort tid, men som samtidig havde stadfæstet forvisningen af deres vigtigste ledere. Resultatet er, at den traditionelle ghibellinske elites indflydelse efter 1280 er lig med nul, og at dens medlemmer besidder få poster og kun af sekundær betydning. Til gengæld ser man en række pro-ghibellinske slægter af folkelig oprindelse i Prioratets elite, familier som nok har været tilknyttede fraktionen, men som ikke kan siges at tilhøre dens traditionelle elite. Dette skal ses som udtryk for tendensen til, at den gamle opdeling i ghibelliner og guelfer begynder at blive meningsløs inden for *Popolo* og kun forbliver stærk i det gamle aristokrati.[221]

Den herskende klasse – de slægter der ret aktivt deltager i

Prioratet – afspejler det samme mønster som tidens elite, forstået som de slægter der oftest deltager i Prioratet. I begge tilfælde kommer personerne i langt overvejende grad fra fem af de syv *Arti maggiori*: *Calimala, Cambio, Lana, Por Santa Maria* og *Giudici e Notai*. De to sidste (buntmagernes laug, *Pellicciai e Vaiai*, og lægernes og apotekernes laug, *Medici e Speziali*), og i endnu højere grad *Arti medie*, må derimod stille sig tilfreds med yderst få repræsentanter. Hvad denne herskende klasses sociale baggrund angår, så er de traditionelle store guelfiske familier som sagt relativt sparsomt repræsenteret i selve Prioratet, hvor en ny gruppe dominerer. Kernen i Prioratet består af en række slægter, som er af ren borgerlig oprindelse og tilhører *Arti maggiori*; de har nok deltaget i det politiske liv før, men aldrig tilhørt eliten og aldrig haft massiv indflydelse. Tilstedeværelsen af rent borgerlige familier som Antella, Peruzzi, Strozzi, Velluti, Giugni osv. udgør ganske vist ingen revolutionær nyhed, thi allerede under *Primo Popolo* havde mange jævne *popolani* udgjort en del af den herskende klasse. Det usædvanlige er deres yderst aktive deltagelse i byen ledelse, et faktum, der sammen med den massive forekomst af andre rent borgerlige familier, forårsager en gennemgribende fornyelse af den herskende klasse, som under det ghibellinske og det guelfiske regime kun havde forandret sig så lidt.[222]

Ottokar mente, at den herskende klasse 1267-1293 forbliver i hænderne på et snævert oligarki, hvis sammensætning ikke ændres væsentligt. Medici – og hendes medstuderende – er ikke enig, og hun finder endvidere, at Ottokars arbejde har flere svage sider. Således er hans tilsyneladende så klare fremstilling tit præget af tågede begreber, som f.eks. at byen styres af et snævert oligarki, der på samme tid er udtryk for brede lag af befolkningen, og i sine forsøg på at påvise diverse slægters traditionelle indflydelse og prestige benytter han sig ukritisk af tidligere og senere kilder.[223] Den herskende klasse 1280-1292 er betydelig mere levende og kompleks, end Ottokar mente, og skønt der forbliver en traditionel komponent, overskygges den af de nye slægter, som dominerer gennem den naturlige udskiftning, der følger de konstitutionelle forandringer og direkte lovindgreb. Dog skal man ikke falde i den modsatte grøft, thi de sociale kontraster er ikke – som Salvemini hævdede – en konstant faktor i disse år, men først tydelige hen mod 1293.[224]

I Prioratets elite dominerer slægter, hvis merkantile aktivitet er energisk, og hvis rigdom er væsentlig. Til trods for forskellig grad af udvikling og politisk indflydelse under det guelfiske styre, fremstår disse familier i starten som en relativt homogen gruppe, men i løbet af Prioratets første ti år udvikler de sig socialt i forskellig retning. I disse år fuldbyrder mange mægtige bankierslægter, som allerede under guelferne havde opnået politisk vægt sammenlignelig med aristokratiets, deres sociale udvikling, og de assimilerer sig – mentalt, i adfærd og i befolkningens øjne med det traditionelle aristokrati. Disse familier har opnået eller opnår nu ridderværdigheden, og bliver således på alle måder – bortset fra de manglende aner – aristokratiets ligeværdige. Klassen af *magnati* fuldendes.[225]

Magnati's overlegenhed når det gælder militære og diplomatiske operationer indebærer, at deres indflydelse vokser i perioden 1284-1293, og krigene er bestemt i deres interesse. Men når *magnati*'s indflydelse vokser, og en række bankierslægter samtidig definitivt opnår karakter af *magnati*, så forstyrres den herskende klasses interne balance. Når befolkningen til sidst bliver træt af de trængsler, som krigene har forårsaget, af de udeblevne resultater, af misbruget og af uretfærdighederne, så vendes vreden mod *magnati*, og en radikal reform bliver resultatet.[226]

Årene under Giano della Bella

Endskønt en fundamental fælles opfattelse af udviklingen og dens årsager præger bogens fire afsnit, og trods Raveggi og Tarassis redaktionelle arbejde for at homogenisere dem, så bliver det til tider klart, at grundlaget er fire specialer, som ganske vist delvis er blevet til i et gruppearbejde, men altså har fire forskellige forfattere. Dette er særlig tydeligt, når Patrizia Parenti giver sig til at analysere tiden fra skabelsen af *Ordinamenti* til århundredets slutning og fremhæver en udvikling i tiden frem til 1293, som Daniela Medici ikke har påpeget.

Ifølge Parenti er Prioratet fra 1290 domineret af et oligarki, der ikke er meget mindre lukket og eksklusivt end fortidens eliter. Det styre, som i starten var støttet af brede lag i befolkningen, er nu monopoliseret af en snæver kreds af familier fra *Arti maggiori*, som helt har antaget aristokratiets levevis.[227] Derfor vender flertallet fra laugene, som ser Prioratets idé og løfter forrådte, sig nu mod oligarkiet. Dette oprør fremskyndes af den stigende utilfredshed med krigen og de ulemper, den medfører. *Magnati*'s magt er tillige steget som følge af krigene, og eftersom de love, der skulle lægge en dæmper på deres voldelige optræden, administreres af det oligarki, hvori de selv er så solidt repræsenteret, må de forekomme størstedelen af laugenes medlemmer utilstrækkelige.[228]

Prioratets oligarkiske natur har været fremhævet af Ottokar, men Parenti understreger, at det først er fra 1290, at denne tendens mærkes; indtil da har styret været relativt åbent.[229] Når laugenes mere ydmyge medlemmer nu kræver deltagelse i styret og hårde indgreb mod deres ærkefjender, må det skyldes en bevidsthed om deres status og et håb om at ændre den, noget som sandsynliggør, at der er foregået en demokratiseringsproces, hvorom kilderne imidlertid intet røber.[230] Dette pres fører til ophedede diskussioner om valgproceduren til Prioratet i efteråret 1292, men trods de mange radikale forslag er resultatet ganske konservativt, og en analyse af det første Priorat efter reformen viser da også en sammensætning, der socioøkonomisk ikke adskiller sig fra de foregående. Og dog er det dette Priorat, som indfører de radikale *Ordinamenti di Giustizia*, hvilket Ottokar har forklaret med pres fra gaden og Salvemini med en alliance mellem *Arti maggiori* og *minori*. Begge disse forklaringer er mulige, kilderne tillader ingen definitive domme.[231]

For at forstå Prioratets karakter frem til Giano della Bellas fald analyserer Parenti priorernes og *gonfalonieri*'s baggrund, idet hun dog fremhæver de spørgsmål, man kan stille til resultaterne. I Middelalderen har der nok været en nærmere sammenhæng mellem socioøkonomisk baggrund og politisk holdning end i vore dage, men på den anden side er det sandsynligt, at de bredere lag – der jo ikke var vant til det politiske liv – har benyttet sig af mere erfarne politikere til at fremføre deres synspunkter.[232] Under alle omstændigheder kan man konstatere, at 44 procent af priorerne og *gonfalonieri* fra perioden 15. februar 1293 til 15. februar 1295 kommer fra familier, der hidtil aldrig har haft så meget som en enkelt prior, altså en væsentlig fornyelse i forhold til den gamle elite. Men på den anden side kan 56 procent gamle kendinge virke som meget for et styre, man normalt anser for revolutionært.[233] Nu hvor *magnati* helt er udelukkede, og *Arti minori* sandt at sige kun undtagelsesvis deltager, domineres Prioratet af laugenes middelklasse, *il ceto medio mercantile*. Bevægelsen mod *magnati*'s vold og magtmisbrug og for en ændring af byens styre udgår fra det samlede *Popolo*, hvor man kan identificere en bred basis og en ret snæver top bestående af få mægtige *popolani* og enkelte eksponenter fra *Arti medie* og *minori*.[234]

Trods den store tilstedeværelse af kendte ansigter i Prioratet finder en betydelig udskiftning sted i disse to år, ikke mindst på grund af *Ordinamenti's* tredje rubrik, der fastslår, at intet laug må have mere end én prior ad gangen, at priorerne skal udøve deres metier aktivt, og at ingen prior kan genvælges før to år efter endt embede.[235]

De *magnati*, som nu underkastes hårdere straffe og udelukkes fra næsten alle politiske hverv internt i kommunen – tilbage står især de militære og diplomatiske embeder – udgør en kategori, der ikke er en fraktion, men er defineret af forskellige kriterier.[236] Parenti opdeler *magnati* i to grupper:

De traditionelle aristokratiske slægter, hvis medlemmer udøver de klassiske erhverv som *podestà*, *capitano*, soldat og jurist. De har store formuer i fast ejendom, men ikke så få af dem har også engageret sig i handel. De er *Popolo*'s traditionelle fjender, og siden 1282 har *Popolo* søgt at stække deres indflydelse; selve Prioratet, og de regler der gælder for deltagelse deri, må ses som en sejr for *Popolo* i denne strid.[237]

De store merkantile slægter, som siden 1267 ved assimilation har opnået at blive en del af aristokratiets verden. Hvis deres daglig adfærd helt svarer til aristokraternes, er de måske i kraft af deres større rigdom og tætte forbindelser til Charles d'Anjou og paven endnu farligere for det ny styre end de traditionelle aristokrater; derfor – og ikke af en jakobinsk moral – ligestilles disse "overløbere" fra *Popolo* nu med aristokraterne.[238]

Når det kan lykkes at marginalisere en så stor og mægtig gruppe, skyldes det – som ved Prioratets indstiftelse – til dels en speciel international situation. Huset Anjou er stadig fuldt optaget af Vesperkrigen, og efter Nikolaus IV's død i april 1292 forbliver pavestolen tom indtil juli 1294, hvor en jævn eremit, Pietro da Morrone, vælges og tager navnet Cølestin V. Da han i december samme år, efter som den eneste pave nogen sinde at være trådt af i live, afløses af den mere kontante Benedetto Caetani, alias Bonifacius VIII, går der ikke engang tre måneder, før Giano della Bella må flygte, og reformpolitikken kommer til en brat afslutning.[239] En anden årsag til indgrebets succes skal findes i selve *magnati*'s natur, idet de bestemt ikke udgør en homogen gruppe, men derimod er splittede i ghibelliner og guelfer, hvis gamle aristokrater ofte foragter parvenuerne fra bankierslægterne, som på deres side nok tit har været utilbøjelige til at alliere sig på grund af konkurrence på handelsområdet. Alt dette gør gruppen sårbar, men på den anden side er dette absolut ikke en ny situation, og det er *magnati*'s overgreb heller ikke. Når man nu ser en heterogen koalition af personer fra *Popolo minuto* og *grasso* gribe så radikalt ind, skyldes det en ny bevidsthed om at have styrken til at stoppe *magnati*.[240]

I de to år frem til Giano della Bellas fald er kommunens politik karakteriseret af en utrættelig og radikal stræben efter fornyelse, der sigter på at konsolidere statens demokratiske struktur[241]. Men når Giano søger at underminere *Parte Guelfa*, den sidste bastion for det guelfiske aristokrati, lader det til, at han går for vidt. Denne trussel kan om nogen samle de splittede *magnati*, og til dem slutter sig flere hovedrige *popolani*, som frygter at stå for skud næste gang. Sabotagen af styrets initiativer udføres især af dommerne med kreative fortolkninger af lovene, der ofte tillader meget stor fortolkningsfrihed. Dette søger Giano at imødegå gennem en total reform af kommunens forskellige *statuti*, hvilket skal føre til en strengere og klarere konstitution. Dette repræsenterer måske styrets mest revolutionære tiltag, men det truer så mange mægtige grupper, at det samtidig betyder den konkrete reaktions begyndelse. I løbet af kort tid bliver Giano så miskrediteret, at en mindre begivenhed vælter ham i januar 1295, hvilket betyder revolutionens død.[242]

Den ny gruppe, som nu overtager magten, består af de rige slægter fra *Popolo*, der gennem en taktisk alliance først har forstået at udelukke *magnati*, derpå har udmanøvreret deres mere radikale kampfæller fra *Popolo minuto*. De to års revolutionære styre var opstået som følge af et internationalt magttomrum – som tilfældet også havde været for *Primo Popolo* – men i længden beklæder Firenze en for vigtig position i den internationale økonomi og politik, til at byen kan få lov til at gå sine egne veje, og de radikale tendenser må undertrykkes. Således er *Ordinamenti di Giustizia* udpræget skabt for at undertrykke *magnati*, men først og fremmest nødvendige for at sikre, at den gruppe, som allerede kontrollerede økonomien, nu også kan erobre den politiske magt.[243]

Skulle man opsummere de fire specialers opfattelse af konflikten mellem *magnati* og *popolani* i et enkelt citat, skulle det være Sergio Raveggis konklusion om, at skematiske, mekaniske fortolkninger af forløbet er mangelfulde og at klasseskellene brydes af mange andre faktorer, men at den dybereliggende årsag til den generelle udvikling nødvendigvis må søges i det socioøkonomiske.[244] Udviklingen kendetegnes altså dybest set af klassekamp, også selvom det med Daniela Medicis ord, apropos det merkantile borgerskab under Prioratet, er en klasse, som ikke ejer alt for klare grænser – "una classe, sia pure dai confini non troppo rigidi" – et fleksibelt klassebegreb der er fælles for alle fire forfattere. De ser ikke som Salvemini en konstant kamp mellem *popolani* og *magnati*, eller rettere, så er det en latent strid, der kun i bestemte historiske situationer får et synligt udtryk. Men heller ikke Ottokar har patent på sandheden, hans analyse af den herskende klasse har ikke været grundig nok og til tider været forstyrret af Ottokars polemiske sigte. Således er hans grundlæggende påstand om et lukket oligarki fra 1267 til 1293 forkert, thi den herskende klasse udvikler sig konstant, især i Prioratets første tid.

Bogens tese er, at det er den økonomiske udvikling, der styrer den politiske, men ikke mekanisk eller fuldstændigt. Udviklingen er aldrig lineær, der er mange undtagelser, og den er primært ikke altid lige hurtig. Der er med andre ord en forsinkelse mellem de økonomiske og de politiske realiteter. Den politiske verden skal have tid til at tilpasse sig økonomien, men det sker til sidst.

Andrea Zorzi

I 1993 oprinder 700-året for *Ordinamenti di Giustizia*, hvilket højtideligholdes på behørig vis i Firenze med en konference om denne skelsættende begivenhed i byens historie. Hele otte historikere bidrager med længere eller kortere indlæg, som to år senere udkommer i bogform.[245] Indlæggene er af yderst forskellig natur og spænder fra filologiske analyser af *Ordinamenti* over en gennemgang af deres skæbne i de sidste to hundrede års historiografi til overvejelser om begrebet *nobiltà*, og så videre. Der er med andre ord tale om mindre udsnit af det store spørgsmål, alle relevante for debatten, men ikke for alvor banebrydende observationer. En artikel skiller sig dog ud fra mængden, ved første øjekast ved at være væsentligt længere end de andre, men især ved at præsentere et helt nyt syn på *Ordinamenti* og hele *la legislazione antimagnatizia* generelt. Andrea Zorzi behandler spørgsmålet ud fra en juridisk synsvinkel, idet han kraftigt kritiserer den opfattelse af vendetta og af hele retsbegrebet, som hidtil har præget forskningen.[246]

Loven som forhandlingsinstrument
Zorzis udgangspunkt er, at skønt konflikten mellem *popolani* og *magnati* hører til de mest klassiske emner for den italienske historieskrivning, og skønt kampen mod *magnati* har en straffereligt kerne, har netop det juridiske aspekt været negligeret. Denne synsvinkel har ellers meget at byde på. Et godt udgangspunkt for en bedre forståelse af konflikten vil således være erkendelsen af eksistensen af flere ligeværdige retssystemer i det kommunale samfund; de offentlige instanser, som *podestà* og *capitano* står for, udgør ikke hele retsvæsnet. Ved siden af eksisterer der et helt spektrum af alternativer, som man i vore dages juridiske forskning anser for laverestående mekanismer, *infragiudiziari*, men som i datiden blev opfattet som muligheder for konfliktløsning på lige fod med de offentlige domstole. Konflikter mellem individer, familier eller organisationer kan derfor også løses gennem fredsslutning, våbenhvile, mægling eller vendetta, alt sammen uden de offentlige myndigheders indblanding. Domstolene ses blot som én mulighed blandt flere, som én strategi for at opnå tilfredsstillelse, og man ser ingen modsætning mellem disse alternativer, hvilket den seneste forskning har vist.[247] Når forskningen siden har set de "private" løsninger som modstykket til de offentlige og som en mere primitiv form for justits, som samfundet søger at undertrykke, skyldes det en evolutionistisk opfattelse af retssystemet, der intet hold har i det 13. århundredes Firenze. En figur som Corso Donati – der altid fremhæves som arketypen på den lovløse *magnate* – løser til tider sine stridigheder ved voldelig vendetta, til andre tider gennem domstolene, og er desuden ofte *podestà* eller *capitano*, altså den offentlige justits' øverste repræsentant, i andre kommuner. Dette forekommer det tyvende århundredes menneske inkonsekvent og selvmodsigende, men *il Barone*'s

handlinger er et kohærent udtryk for kulturen og tænkemåden i det kommunale samfund.[248]

Vendettaen er af en lang række historikere siden Rubinstein blevet set som en af *magnati*'s fremmeste karakteristika og i åben strid med kommunens autoritet, men en genlæsning af lovene mod *magnati* afslører, hvor fejlagtigt dette synspunkt er. For det første optræder ordet "vendetta" på intet tidspunkt i lovene, og det er ligeledes forkert af den simple årsag, at vendetta på ingen måde er specielt knyttet til *magnati*: Kilderne viser med al ønskelig tydelighed, at også *popolani* praktiserer denne private justits i rigt mål.[249] I virkeligheden er fejden (Zorzi understreger, at *faida* er det korrekte udtryk for selve konflikten, medens "vendetta" betegner den konkrete gengældelse) en legitim del af det retlige system, og tidens politiske kultur anerkender den som et centralt element i konfliktløsningen. I kilderne optræder vendetta og retfærdighed, *giustizia*, ofte som synonymer, og der er endog belæg for at hævde, at man anser domstolenes straf for kommunens vendetta.[250] I et samfund, hvor man definerer sig i forhold til venner og fjender, udgør vendettaen en vigtig mekanisme til opretholdelsen af den enkeltes identitet, og opdragelsen i de borgerlige dyder omfatter også brugen af fejden. Denne form for konfliktløsning har væsentlig betydning i det kommunale samfund, hvilket også forklarer, hvorfor fraktionskampene fortsætter efter *Ordinamenti*. Det skyldes ikke ineffektivitet, men at man simpelthen ikke forsøger at forbyde denne praksis, der udgør en vigtig del af den kultur, som er fælles for *magnati* og *popolani*.[251]

Nøgleordet til forståelsen af kommunens indstilling til vendetta er derfor slet ikke "forbud", men "regulering". Dette fremgår tydeligt af den almindelige straffelov. Heri finder man regler for, hvem der har ret til at udøve vendetta, hvem man kan udsætte for vendetta, og princippet om at gengældelsen ikke må overstige den oprindelige skade. Når kommunen autoriserer vendettaen, skyldes det en opfattelse af, at den kan begrænse volden. Holdes fejden inden for de begrænsninger loven udstikker, vil regnskabet snart stå lige mellem parterne, og freden kan genetableres, gerne med kommunen som mægler. Det man sigter på er derfor at regulere vendettaens brug, for at sikre at fejden ikke spreder sig til flere personer eller eskalerer i styrke.[252]

Fejden er ikke et konstant sammenstød, men en langstrakt affære, hvor voldsepisoderne adskilles af lange pauser med mulighed for forhandling, og disse søger kommunen at begunstige, idet den gennem lovgivningen mindsker anledningerne til nye fjendtligheder. Lovene mod *magnati* skal netop ses i denne optik. Et nærmere blik på definitionen af *magnati* i disse love bekræfter, at bestemmelserne ikke er rettede mod vendettaen som institution, men mod *magnati*'s sande særegne træk, deres overmåde voldelige adfærd. Når man indfører lovene mod *magnati*, skyldes det bekymring for den offentlige ro og orden. *Magnati* udskilles derfor ikke på grund af deres anvendelse af vendetta og heller ikke så meget på grund af deres økonomiske position, som fordi de udgør en trussel mod samfundsordenen, den ny orden laugenes styre står for.[253]

Der er altså tale om en disciplinering af *magnati*'s asociale levned fra styrets side. Dette formål fremgår klart af *sodamento*loven fra 1281 (eller 1280), som sigter på at lægge bånd på *magnati*'s voldsomme livsførelse og at forhindre dem i efter en forbrydelse at unddrage sig straf ved at gå under jorden. Mange historikeres tale om bekæmpelse af vendettaen i denne sammenhæng er ren fantasi, om ikke af anden grund så fordi man kun har et overfladisk kendskab til lovens indhold fra rådsreferatet af 20. marts 1281, hvorimod selve teksten er gået tabt. Men hvad loven end forbyder, skal man vare sig for at opfatte den som en absolut størrelse, sådan som man betragter lovene nu om stunder. Loven om *sodamento* er nærmere et instrument, som tillader kommunen at gribe ind i de store familiers fejder og mægle for at søge fred og forlig.[254]

Ved lovens revision i 1286 sker der vigtige forandringer, og da teksten denne gang er delvis overleveret, kan man bedre vurdere dens hensigter. Det centrale i loven er, at *magnati* ikke må konspirere mod styret, ikke må forstyrre byens orden, skal adlyde byens ledere etc. Kort sagt ligger vægten på den trussel, de udgør for styret. Det er også interessant, at man nu indfører princippet om kollektivt ansvar inden for familien – fader og søn, broder og broder – hvilket er en klar anerkendelse af familiens betydning for fejden. Gennem den pression, man således lægger på slægten, håber man at tilskynde den til at finde fredelige løsninger på konflikterne og at påvirke den til at isolere sine voldeligste elementer.[255] Med *Ordinamenti di Giustizia* i 1293 ændres *sodamento*loven på ny, og nu ser man, at spørgsmålet om *magnati*'s vold mod *popolani* blander sig med deres ulydighed mod myndighederne. Prioriteringen forandres, og det drejer sig nu ikke mere om indgreb, som primært har til formål at sikre ro og orden, men om at forsvare de "værgeløse" mod de mægtiges vold.[256]

Men ud over at bringe *magnati*'s vold til ophør indtager disse disciplinære tiltag også en vigtig plads som ideologisk fundament for laugenes styre, og når ordet *giustizia* gentages gang på gang i det officielle sprog, udgør det et bevidst semantisk valg. Når man med *Ordinamenti* genskaber og forstærker laugenes styre, understreges sammenholdet mellem laugene og *Popolo*'s frihed fra *magnati*'s undertrykkelse.[257] Det drejer sig om en gennemført ideologi, baseret på tanken om "retfærdighed", som bruges til at udelukke mange af de slægter, der hidtil har domineret byens politiske scene. Deres livsstil er baseret på vold, hvilket *Popolo* især har lidt under i kølvandet på slaget ved Campaldino, og hvis man vil et fredeligt samvær, må disse uheldige elementer pacificeres. *Magnati* fjernes nu fra kommunens ledelse og erstattes af familier af tydelig merkantil oprindelse. Loven bruges som politisk våben i en hård kamp om magten inden for eliten, og magtskiftet støttes af retorikken, ikke kun i lovene, men sandelig også i hele den kampagne mod *magnati*, hvor især krønikerne bidrager til at dæmonisere dem.[258]

Hvis man betragter lovene mod *magnati*, kan man ikke undgå at bemærke, at deres anvendelse – bortset fra 1293-1295 – virker inkonsekvent og usikker, men at bedømme dem som en fiasko beror på en anakronistisk opfattelse af effektivitet og af justits. Det er sandt, at den offentlige retshåndhævelse gennem det 13. århundrede breder sig til stedse flere områder, men dels er dette ikke en lineær proces, dels betyder det ikke en forandring af det kommunale retssystems fundamentale karakter. Forhandlinger om straffen, amnestier og "private" løsninger på stridighederne er gængse. Loven er ikke den absolutte størrelse, den opfattes som i dag, men et relativt begreb, et grundlag for forhandling. Det juridiske system er således yderst pragmatisk, og strafferetten er et fleksibelt instrument for regeringens politik. Det er ligeledes sandt, at visse forhold forhindrer en stærk og gennemgribende offentlig justits, og at denne blanding af straf, benådninger og undtagelser er typisk for den kommunale søgen efter mere velordnede og rationelle institutionelle apparater, men på den anden side så bevidner denne tilstand også et system, som er mere baseret på forhandling og fredsstiftelse end på tvang og straf.[259]

Netop idéen om fred og enighed optager i denne tid sindene, og fredsstiftelsen mellem individerne og de politiske grupperinger får en central placering i den kommunale orden. Der er tale om et skift i den herskende kultur, og det er på denne baggrund, at lovene mod *magnati* skal ses. De benyttes ikke primært direkte repressivt, men som et middel til at stifte fred, til at forhandle og til at presse *magnati* væk fra deres voldelige kultur. De nye familier fra *Popolo*'s elite bruger disse love i en politisk kamp mod de gamle familier, en kamp hvor den merkantile kultur udtrykker den fredelige konflikt over for den militære kulturs voldelige model.[260] Målet med denne pragmatiske anvendelse er en social disciplinering af *magnati* og at få dem til at udtrykke konflikten på en socialt set mere acceptabel manér. Igennem det næste århundrede ritualiseres volden, som f.eks. i ridderdyster, og flere familier genvinder deres fulde borgerlige rettigheder ved at afstå fra den voldelige opførsel.[261]

For Zorzi skal lovene mod *magnati* forstås på baggrund af det kommunale samfunds specielle retlige struktur, hvor flere systemer lapper over og supplerer hinanden. Lovene skal derfor ikke opfattes som et frontalt angreb på vendettaen, der er accepteret og fælles for hele samfundet, men som et forhandlingsinstrument til at tvinge *magnati* væk fra ridderstandens kultur, som i så høj grad kolliderer med den ny herskende ideologi koncentreret omkring fred og almenvellet. Lovgivningen mod *magnati* benyttes således ikke konsekvent, men – i tidens ånd – pragmatisk, og viser hvorledes forhandlingen og kompromiset i langt højere grad end straffen karakteriserer den kommunale justits. Retshåndhævelsen er til alle tider knyttet til politikken, men i kommunen er denne forbindelse særdeles direkte: Loven er et politisk instrument i den herskende elites hænder, og lovens straf er ikke absolut, men et udgangspunkt for forhandling.

V. Forskningens aktuelle stade og fremtidsperspektiver

Tendenser inden for forskningen
Over de sidste mange sider har jeg flere gange berørt de forskellige historikeres tilknytning til hinanden og deres fælles træk; jeg har endog en enkelt gang eller to talt om skoler inden for forskningen. Hvor langt kan man drive denne tankegang, eller spurgt på en anden måde: Følger de forskellige fremstillinger bestemte spor, indskriver de sig i traditioner, der bevirker, at vi kan rubricere dem som tilhørende bestemte skoler, retninger eller paradigmer?[262] Det er naturligvis fristende at skematisere forskningen, at putte de enkelte historikere ned i nogle skuffer eller at tegne en slags udviklingstræer for deres fortolkninger, men er det muligt uden at gøre vold på deres arbejde og aldeles kvæle deres individualitet?

Svaret på disse spørgsmål afhænger selvfølgelig af, hvilke kriterier vi lægger til grund for at tale om skoler og paradigmer. En vis forskel mellem historikernes resultater må logisk set forekomme, selv når alle kan være enige om, at de arbejder inden for samme rammer, thi ellers drejede det sig jo blot om en uinteressant gentagelse. Der kan således ikke herske tvivl om, at to historikere udmærket kan skændes om enkelte datoer eller hændelsesforløb, uden at det rører ved deres fundamentalt fælles opfattelse af udviklingen; dette er for eksempel tilfældet med Salvemini og Davidsohn.[263] Det, vi nærmere skal se efter, er enighed om metoden, om grundlæggende værdier, om opfattelser af menneskets og den historiske proces' natur. Kort sagt: Hvordan den enkelte historiker forklarer årsagerne til udviklingen, og hvilken udvikling han læser ud af kilderne.

De forskellige udlægninger af konflikten mellem *magnati* og *Popolo* kan ved første øjekast virke særdeles uensartede. Hver historiker har sine helt egne idéer og betoner vidt forskellige detaljer, og skønt man kan "parre" nogle enkelte, så virker deres arbejder yderst personlige. Hvis man imidlertid ser bort fra de mange enkeltheder, ignorerer de divergerende betoninger og blot ser på en række centrale spørgsmål, kan man opnå en vis grad af klarhed i billedet. Man kunne her fristes til at sige, at det ikke så meget er et spørgsmål om Rankes "wie es eigentlich gewesen", som at finde frem til historikernes forklaring på, hvad man kunne kalde "*warum* es eigentlich gewesen", idet man dog bemærker, at vægtningen af de to komponenter varierer meget mellem de forskellige fremstillinger.

Hvis man således uddrager ledetråden for de tre første bidrag, jeg har omtalt, vil man opdage, at de snor sig gennem den senere produktion og til en vis grænse danner et mønster.

Skal man tale om en "Salvemini-skole" eller blot en indflydelse fra Salvemini, må man se bort fra en lang række af de mest iøjnefaldende træk ved hans analyse og gå til selve kernen.[264] De nøje definerede klasser, *partiti*, som besidder faste "partiprogrammer", må således kasseres til fordel for et langt mere fleksibelt klassebegreb.[265] Man kan heller ikke forsvare de tre centrale stridspunkter, Salvemini så mellem *magnati* og *popolani* i kommunens økonomiske politik.[266] Ej heller Salveminis præcise identificering af forskellige perioder med dominans af *Popolo* og *magnati* kan opretholdes, om ikke af anden årsag så fordi kildernes oplysninger er for spinkle til at retfærdiggøre sådanne nøje resultater.[267] Ingen af alle disse træk, der er så dominerende i Salveminis analyse, er blevet genoptaget af andre historikere siden fremkomsten af Ottokars bog.[268]

Betingelsen for at tale om en skole, hvis grundlægger er Salvemini, er altså at modificere hans analyse og befri den for de mest skematiske og mekaniske sider, sådan som den mere modne Salvemini selv ville have gjort.[269] Hvis man ubarmhjertigt luger ud i Salveminis analyse og fjerner alle konfliktens overfladiske udslag, står man tilbage med én væsentlig faktor, som forklarer udviklingen: økonomien. Det er overgangen fra feudalismen til kapitalismen, der betyder, at en ny klasse af handelsmænd og bankierer kæmper sig frem og fortrænger den gamle dominerende klasse af *rentiers*. Den fundamentale tese i Salveminis fortolkning er, at den økonomiske udvikling bevirker en radikal forandring i den kreds af personer, som styrer kommunen, og at dette medfører en udvikling i kommunens institutionelle og konstitutionelle udseende.

Hvad Ottokar angår er det ikke nødvendigt at abstrahere fra størstedelen af hans konkrete resultater for at pege på disciple, og det over et betydeligt længere tidsrum end det, der blev *la scuola economico-giuridica* til del.[270] Men skulle man alligevel søge efter Ottokars grundlæggende påstande, fristes man til at betegne dem som "non-Salvemini", som den gennemførte negation af alle Salveminis forklaringer. Det er tydeligt, når man læser Ottokars arbejde, at han helt og holdent har været bundet af og til Salveminis bog: Analysen former sig som én lang polemisk gennemgang af Salveminis resultater helt ned til dateringen af de enkelte love og ordlyden i denne eller hin kilde.[271] Konflikten mellem *magnati* og *popolani* er således indtil 1293 udelukkende et spørgsmål om *magnati*'s lovløse fremfærd, som kommunen ser sig nødsaget til at gribe ind overfor.[272] Ottokar benægter, at de økonomiske forhold skulle have forårsaget en splittelse mellem *magnati* og *Popolo grasso*, og som følge deraf afviser han også, at der skulle være foregået en større forandring i sammensætningen af den herskende klasse, der i hans øjne indtil 1293 forbliver et snævert oligarki.[273] De turbulente år 1293-1295 er i Ottokars fremstilling heller ikke udtryk for klassekamp, al den stund de nye herskere har samme socioøkonomiske baggrund som de gamle. For Ottokar er den herskende klasse, hvad personkredsen angår, groft sagt statisk indtil 1293, og socioøkonomisk set forandrer den sig heller ikke 1293-1295.

Hvor Salvemini har en klar rød tråd, den økonomiske udvikling, mangler Ottokar en central forklaringsfaktor. Han nævner ganske vist tidligt, at perioden domineres af en kontrast mellem laugenes brede masser og det aristokrati inden for laugene, som udgør oligarkiet, men denne konflikt er fraværende i resten af fremstillingen indtil 1293, hvor den fremdrages – som en kanin af en høj hat – som den sande årsag til revolutionen.[274] Sagt på en anden måde, så er føromtalte understregning af *warum* meget stærkere hos Salvemini end hos Ottokar, der mere fokuserer på *wie*, men når dette er sagt, skal det pointeres, at de begge (og selvfølgelig også Davidsohn) i langt højere grad end de efterfølgende historikere søger at rekonstruere hændelsesforløbet i alle dets aspekter og detaljer.

Man kan let forfalde til at læse hele historieskrivningen omkring *magnati* og *popolani* som en dikotomi centreret om de to store rorgængere, og det er da også ubestrideligt, at deres arbejder i adskillige årtier repræsenterer de mest indgående og detaljerede studier af konflikten. Af en helt anden natur er Rubinsteins bidrag til en forklaring på spørgsmålet. Hvor der til grund for Salveminis og Ottokars arbejder havde ligget et omfattende arkivarbejde, afstår Rubinstein stort set fra en ny granskning af kilderne for at koncentrere sig om, hvad han ser som den vigtigste udviklingstendens i tiden, og hvordan den giver sig udslag i den florentinske politik.[275] For Rubinstein er det væsentligste at etablere den store europæiske parallel til udviklingen i Firenze: styrkelsen af den offentlige autoritet på bekostning af den individualisme, der finder sit stærkeste udtryk i ridderkulturen og dens vendetta. Som jeg har fremhævet, er Rubinsteins forhold til de socioøkonomiske årsager til udviklingen vanskeligt at få rede på: Han holder døren på klem til denne forklaring, men finder det vigtigst at påpege fremvæksten af den forøgede statslige autonomi.[276]

Man kan med en vis ret hævde, at alle de senere bidrag til debatten er inspireret af disse tre grundlæggende fortolkninger, dog forstået på den måde, at de fleste senere historikere har kombineret de tre eller blot de to og samtidig fremhævet hver sine specielle aspekter.

Dette kan dog ikke siges at gælde for Enrico Fiumis analyse, som lægger sig tæt op ad Ottokars polemiske stil og resultater.[277] I endnu højere grad end hos Ottokar synes en forklaring på hændelserne at være fraværende hos Fiumi, hvor demokratiet beskrives som værende på konstant retræte fra begyndelsen af det 13. århundrede.[278] Skulle man tale om en udvikling fra Ottokar, kunne man pege på, at når Fiumi ser *Ordinamenti* som et demagogisk kneb, som én fraktion benytter for at udelukke en anden, så drager han den logiske konsekvens af Ottokars påstand om, at 1293-1295 nok ser en udskiftning af personkredsen i kommunens ledelse, men på den samme sociale basis.[279]

Marvin Becker tager derimod i høj grad tråden op fra Rubinstein, idet han samtidig lægger sig tættere på Ottokar end på Salvemini.[280] Ganske vist understreger Becker, at såvel Salvemini og Davidsohn som Ottokar og Fiumi har taget fejl, eftersom de har set *magnati* som en homogen gruppe og ikke har forstået, at der eksisterede både samarbejdsvillige og oprørske *magnati*, men Becker afviser enhver tale om økonomiske motiver til lovgivningen og nægter at se *magnati* som en socioøkonomisk defineret klasse.[281] For Becker, som for Rubinstein, er konflikten mellem *Popolo* og (en del af) *magnati* et spørgsmål om konsolideringen af den offentlige autoritet i strid med individualismen, men uden Rubinsteins tøvende forhold til konfliktens eventuelle socioøkonomiske aspekter.[282] Becker interesserer sig til gengæld ikke for at indplacere den florentinske udvikling i det større europæiske billede, men koncentrerer sig om at fremhæve de specielle forhold, der hersker i en middelalderkommune, bl.a. den kendsgerning at domstolene ikke er selvstændige, og at der eksisterer en tæt sammenhæng mellem regeringens politik og det juridiske apparat.

Også Giovanni Tabacco mener, at spørgsmålet om opbygningen af det offentlige apparat og den deraf følgende undertrykkelse af partikularismen er af central betydning i konflikten, men hvor Becker benægter, at konflikten skulle have økonomiske rødder, genoptager Tabacco Salveminis påpegning af konfliktens fundamentale karakter af klassekamp. Det drejer sig vel at mærke om en meget mere afbalanceret analyse end Salveminis, idet Tabacco samtidig medgiver, at problemet på intet tidspunkt kan fremstilles entydigt, og at mange ikke-økonomiske motiver også spiller ind i hændelserne. Tabacco kombinerer således Rubinsteins og Salveminis opfattelser ved at tegne billedet af en klassekamp, hvori den ny dominerende klasse, borgerskabet, har interesse i at opbygge et mere solidt og velordnet statsapparat.[283]

Tabaccos analyse må holde sig til korte rids, men Raveggi med flere kan få år efter føre denne tankegang ud i livet i et arbejde, som i omhu ikke lader Salvemini og Ottokar noget efter, tværtimod. De fire unge forfatteres arbejde repræsenterer en slags syntese af alt, hvad der hidtil havde været skrevet.[284] De arbejder, som de selv erklærer, på grundlag af Salveminis idéer om den økonomiske udviklings afgørende betydning for det politiske liv, men benytter samtidig Ottokars mikroanalyse af den herskende klasse til at påvise det og til at korrigere så vel Salvemini som Ottokar. En af bogens vigtige pointer er, at Ottokar tog fejl, da han hævdede, at kommunen styres af et statisk oligarki: I tiden 1260-1300 forandres den herskende klasse langsomt og gradvist, således at de merkantile lag fortrænger det gamle aristokrati.[285] Den udvikling af det kommunale apparat, der følger med denne udskiftning, og de love, der retter sig mod *magnati*'s lovløse livsstil, er et udtryk for disse merkantile lags interesser. Et velfungerende statsapparat, som kan sikre lov og orden, og garantere de bedste betingelser for handel og produktion, må siges at være denne nye dominerende klasses mål.[286]

Samtidig med at de fire forfattere ligesom Tabacco kombinerer den økonomiske udvikling med statens modning, giver de også Ottokar mange indrømmelser: Der er ikke før 1292 tale om en synlig og heftig konflikt mellem *magnati* og *popolani*[287], men under overfladen sker hen ad vejen et magtskifte; *Parte Guelfa* var ikke så lukket som Salvemini hævdede, men heller ikke så åben som Ottokar mente; Salveminis opdeling i klasser var for stram etc. Der er altså et stort kompromis mellem Salvemini og Ottokar (med inddragelse af Rubinsteins synsvinkel), men et kompromis som trods alt tager sit udgangspunkt i Salveminis opfattelse.

Oven på dette store arbejde, som i mine øjne repræsenterer et kvalitativt spring fremad, virker Andrea Zorzis velskrevne og grundige artikel næsten inferiør.[288] Zorzis agt er, hvad man næsten kunne kalde et semantisk oprør mod tidligere forfatteres lemfældige omgang med begrebet "vendetta". På samme vis som Becker søger Zorzi at belyse det kommunale samfunds specielle karakter og at understrege det juridiske systems pragmatiske natur. Men ser man bort fra korrektionerne, så er Zorzis mening også, at man på den tid er vidne til en styrkelse af den offentlige autoritet.[289] Zorzis præciseringer af det kommunale retssystems særlige væsen og udviklingens gradvise natur er vigtige bidrag til forståelsen af perioden, men når alt kommer til alt, så følger han i Rubinsteins fodspor, eller måske snarere i Beckers, idet han også afviser, at økonomiske motiver skulle have haft nogen større betydning for kampen mellem *magnati* og *popolani*.[290]

Om man vil tale om deciderede skoler eller paradigmer, eller man simpelthen vil stille sig tilfreds med at konstatere, at en række fundamentale motiver og opfattelser deles af en række historikere, er et temperamentsspørgsmål. Hvorom alting er, så er det svært at definere egentlige skoler inden for et så relativt begrænset område, som jeg her har afgrænset. Som inden for statistik kunne man fristes til at kræve en vis mængde bidrag, før man kan identificere en signifikant og holdbar tendens. Hvis man således udvidede perspektivet til at dække f.eks. historieskrivningen om de italienske kommuner generelt eller blot hele produktionen omkring konflikten mellem *magnati* og *popolani* i alle de nord- og centralitalienske bystater, ville det utvivlsomt være langt lettere at tegne et billede. Men trods alt, selv med den forholdsvis lille produktion jeg her har omtalt, mener jeg, at man kan se nogle ret tydelige linier.

Mod et mere nuanceret syn på konflikten
Efter at have gennemgået en række af de vigtigste bidrag til debatten og samtidig stiftet nærmere bekendtskab med mange af de kilder, de bygger på, er tiden inde til, at jeg giver mit bud på en forklaring.

Som man nok kan læse mellem linierne i sidste kapitel, ligger min opfattelse ganske tæt op ad Tabacco og Raveggi med flere. Jeg er således enig i afvisningen af de mekaniske og skematiske sider af Salveminis arbejde, men mener ikke desto mindre, at den økonomiske udvikling ligger til grund for den konflikt, vi ser mellem *magnati* og *popolani* i slutningen af det 13. århundredes Firenze. Ikke forstået på den måde, at alle *magnati* er feudalherrer, og at alle *popolani* er købmænd, men at det gamle aristokrati, hvis kultur er knyttet til ridderverdenen og dens partikularisme, udgør kernen i den gruppe af *magnati*, som også i stor udstrækning har assimileret slægter af borgerlig, merkantil oprindelse. De slægter, der er knyttet til den gamle kultur, også forstået som politisk kultur, udgør et problem for den kommune, som i stadig stigende grad er udtryk for reguleret og kanaliseret magtudfoldelse, ikke individuel og direkte aktion. Med til at skabe denne tilstand er også repræsentanter for det gamle aristokrati, men det offentlige apparats forandrede udseende skyldes primært en ny gruppe og dens politiske kultur, som stedse mere dominerer samfundet, nemlig det borgerskab der gennem sine enorme formuer tiltvinger sig en plads i ledelsen. Denne nye dominerende klasse har interesse i, at magten reguleres og opnås gennem fastsatte procedurer og ikke længere afhænger af, hvilken fraktion, der for tiden har overtaget. Produktionen og handlen kræver stabile forhold, ikke den latente eller åbne borgerkrigs konstante usikkerhed, med hvilken de store militære slægters og fraktionernes epoke er forbundet. Det er et opgør med traditionen for få stærke familier, hvis magt primært hviler på fysisk kraft og gammel prestige, og en sejr for nye slægter, hvis magt primært er økonomisk, og som hersker gennem institutionerne En mere indirekte dominans, måske ikke mere demokratisk, men mere reguleret og "offentlig".

Den kommunale udvikling er én lang beretning om kampen for suverænitet, hvor krigeraristokratiets og det ny borgerskabs ambitioner i lang tid kan forenes. Meget forenklet kan det siges, at hvis den ene gruppe opnår ære og magt, så ser den anden sine økonomiske interesser tilgodeset. Man kan i denne sammenhæng nævne kommunernes modstand mod kejserdømmets (og pavestolens) forsøg på kontrol, kampen for kontrol over *contado*, og indførelsen af *podestà* og *capitano* som potentielt mere objektive – og i kraft af deres store erfaring i det mindste mere professionelle – ledere, eller mere specifikt for Firenze vedkommende: florinen, som slås fra 1252, og opførelsen af bygningen til at huse de offentlige myndigheder fra 1255 og frem. Samtidig udvikles konstant nye organer, i et stadig mere komplekst samspil, til at lede bystaten.[291] En konsolidering af statsapparatet – eller den offentlige administration, kommunens organisering eller lignende, hvis man viger tilbage for ordet "stat" i en så tidlig sammenhæng – der vel at mærke intet har at gøre med større eller mindre grad af demokrati. Statsmagtens grad af organisering har ingen automatisk sammenhæng med omfanget af demokratiske beslutningsmetoder, og det er en anakronisme at betragte det kommunale samfund som en slags basisdemokrati efter vor tid standard. Selv om man antog, at alle medlemmer af laugene havde lige stor indflydelse, ville den langt overvejende del af befolkningen være udelukket fra deltagelse i ledelsen af samfundet.

Det gamle aristokrati og dets nyoptagne proselytter fra borgerskabet har utvivlsomt i gennemsnit en stor del af deres formue bundet i fast ejendom. Dette mener Raveggi med flere at kunne påvise, og sund fornuft siger da også, at hvis en mand skal føre en riddertilværelse, med alt hvad den indebærer af banketter, våbenleg og andre høviske sysler, så er tiden til at beskæftige sig med at tjene penge alt andet lige begrænset. Man kunne også med rette stille spørgsmålet: Når slægter af borgerlig oprindelse slutter sig til ridderkulturen og søger at imitere den i alle dens aspekter, vil de så ikke også begynde at slække på tilbedelsen af *santo guadagno*?[292] Naturligvis har der også været *popolani*, som i stridslyst og ulydighed ikke har ladt *magnati* noget efter, og i et samfund som det kommunale, hvor venskab og fjendskab spiller så stor en rolle i det politiske liv, har mange slægter, der burde have været stemplet som *magnati*, uden tvivl klaret frisag på grund af personlige forbindelser. Men hvor mange undtagelser og uretfærdigheder man end kan opregne, så forbliver der en kerne af mening i lovene mod *magnati*, en kerne der ifølge *sodamento*lovens definition er tæt knyttet til ridderværdigheden. *Magnati* kan altså udmærket i et vist omfang være involverede i handel og bankiervirksomhed, men deres kultur har sine rødder i en anden levevis og i en anden stræben end den ny kulturs higen efter mammon. *Magnati*'s ridderkultur betyder ikke en fornægtelse af indtjening og rigdom, men i modsætning til det ny borgerskab udgør velstanden et middel, ikke et mål.

Konflikten mellem *magnati* og *popolani* er historien om, hvordan én produktionsmåde afløser en anden, eller rettere om hvordan en kultur, som er knyttet til en dominerende klasse, afløses af en anden kultur, knyttet til en ny herskende klasse. Dette skift sker ikke pludseligt, det er ikke lineært, og mange personer står tilsyneladende på "den forkerte side" (som i enhver udvikling og enhver revolution), men de forandringer, der sker i kommunens ledelse, skyldes til syvende og sidst, at en ny gruppe af indbyggere gennem handel og industri har erhvervet formuer, der langt overstiger den gamle dominerende klasses. Den gamle klasse klamrer sig en tid lang til magten, og i dens kultur udtrykkes foragten for borgerskabets æreløse penge gang på gang, men den magtposition, som hidtil har været betinget af glorværdige aner og fysisk magt, må langsomt vige pladsen for de parvenuer, hvis magt hviler på de hurtige penge, *i subiti guadagni*, som Dante så dybfølt begræder.

Den analyse, Raveggi med flere har præsteret, viser med forbilledlig omhu, hvorledes den herskende klasse gradvis ændrer udseende i anden halvdel af det 13. århundrede. Skønt en seriøs dom over deres arbejde må forudsætte et langt ophold i de arkiver, hvor disse forfattere i så stor udstrækning har opstøvet deres kilder, så er det mit klare indtryk, med det kendskab jeg har til de publicerede kilder og til hele historiografien om emnet, at de har vendt hver en sten. Medmindre man en dag gør et mirakuløst fund af opsigtsvækkende kilder, kan man i mine øjne ikke komme videre med en analyse af denne epokes herskende klasse. Dette betyder dog absolut ikke, at historiens detektiver kan læne sig tilbage og betragte sagen som opklaret (det ligger i deres metiers natur, at de aldrig skal finde ro). Der er endnu mange uudforskede eller lidet udforskede aspekter af konflikten, hvilket Zorzis artikel jo også viser.

For det første kunne man indvende, at objektiv forskning som bekendt er en myte og at en historiker af Ottokars skole nok kunne gennemgå de samme kilder som Raveggi og hans medforfattere og komme til helt andre tolkninger. Men også set ud fra en grundlæggende opfattelse af de økonomiske faktorers vigtighed og deres sammenhæng med forandringen af det offentlige apparat er der meget at gøre. Jeg vil ikke her skabe et idékatalog, men begrænse mig til kort at skitsere to projekter blandt mange: To projekter – det ene vil trække i kultursociologisk, det andet i politologisk retning – der begge slår mig som interessante og løfterige, og som begge vil kunne ligge fint i forlængelse af Raveggi med fleres analyse af den herskende klasses sociale og økonomiske forhold.

Ridderstanden og dens kultur

Hvad enten man mener, at der ligger en økonomisk udvikling til grund for kampen mellem *magnati* og *popolani* eller ej, kommer man ikke uden om, at *magnati* er næsten sammenfaldende med ridderstanden. Man kan i denne forbindelse undre sig over, hvad *publica fama* skal bruges til, eller – som Fiumi – bemærke, at flere ridderslægter ikke defineres som *magnati*.[293]

Jeg mener som sagt ikke, at der kan være tvivl om, at man sigter på at ramme ridderkulturen, der er udtrykket for en bestemt levevis, for en speciel politisk kultur og i en vis udstrækning også for ejendomsforhold. *Publica fama* må i denne forbindelse enten må ses som den i Middelalderen så typiske juridiske varierende gentagelse, eller som en slags sikkerhedsnet, som skal fange dem, der utvetydigt tilhører gruppen, men som af en eller anden grund ikke har opnået ridderværdigheden.

Al denne tale om ridderkultur og -værdighed rejser uvægerligt spørgsmålet om, hvad disse begreber indeholder, og man finder snart ud af, at emnet er yderst dårligt belyst. Der eksisterer ganske vist en stor produktion om ridderfænomenet i dets arnesteder, Tyskland og Frankrig, men for de italienske kommuners vedkommende i Højmiddelalderen er forskningen sparsom.[294] Dette skyldes antageligt de mere end almindeligt magre kilder, som ofte tvinger historikerne til at opstille hypoteser om forhold og traditioner, man kender fra Italiens bedre belyste nordlige og nordvestlige naboer, men som tit kun kan finde spredt bekræftelse i de italienske kilder. Man finder imidlertid hurtigt ud af, at ridderstanden i de italienske bystater i det 13. århundrede af flere årsager ikke er let at definere. Kilderne taler således ikke kun om *milites* eller *cavalieri*, men om *milites pro comuni*, *milites nobiles*, *cavalieri di corredo* etc. Med andre ord er der tilsyneladende flere typer af riddere. Dette kan muligvis hænge sammen med, at mange autoriteter slog riddere: Kommunen selv, forskellige monarker, adelige, ja i teorien havde enhver ridder selv ret til at slå andre.[295] Der er således en udtalt analogi med begrebet *nobilitas*, der ligeledes er yderst svært at definere præcist i et samfund, hvor autoriteten er fragmenteret.

I betragtning af den forskning, der trods alt er foregået på området, og den større viden, man i dag generelt besidder om det florentinske samfund i det 13. århundrede, var det måske alligevel på sin plads at forsøge at erstatte Salveminis noget forældede og til tider lidt umodne ungdomsarbejde med et nyt studium. Hvordan gav ridderkulturen sig udtryk i datidens Firenze? Hvilke ritualer hørte med til denne livsstil, og hvordan oplevedes den af resten af befolkningen? Har den høviske opførsel og de høje idealer, man altid, måske lidt blåøjet, forbinder med den ædle rustningsklædte ridder, ikke udgjort væsentlige dele af denne kultur i Firenze? Lovene mod *magnati* kunne tyde på, at denne kodeks under alle omstændigheder i manges øjne blev fortrængt af kulturens negative side: volden som livsstil ("la violenza come stile di vita", som Jean-Claude Maire-Vigueur udtrykker det). Netop denne blanding af beundring og had fra den resterende befolknings side kan ikke undgå at fascinere, når man læser krønikernes beskrivelser af *magnati*.[296]

Et forsøg på at beskrive, hvordan *magnati* som social gruppe blev forstået i det 13. århundredes Firenze eksisterer allerede. Det drejer sig om en bog af Carol Lansing, hvori hun i bedste *cultural studies*-stil breder sig over et væld af faktorer, der alle i forskellig grad afslører aspekter af *magnati*'s livsstil og deres forhold til resten af samfundet. Bogens mest fornyende idé er en analyse af *magnati*'s specielle familiestruktur, hvori Lansing mener, at en stor del af årsagen til deres voldelige levevis skal findes. Desværre har bogen det store handicap, at Lansing lader det pædagogiske sigte overskygge det videnskabelige. Der er knap ét aspekt af det florentinske samfund i det 13. århundrede, der ikke behandles, og bogen fremstår således mere som en god grundbog for forståelsen af det kommunale liv end som et specialiseret studie.[297]

Et indgående studium af ridderstanden og dens kultur i sidste halvdel af det 13. århundredes Firenze, eventuelt udformet som en beskrivelse og analyse af enkelte udvalgte slægter, ville kunne bidrage til en større forståelse af årsagerne til *la legislazione antimagnatizia* og kunne komplettere det socioøkonomiske portræt, Raveggi med flere har tegnet, idet kulturen ville blive set som et udslag af de økonomiske vilkår.

Statens udvikling eller udviklingen mod staten

Hvordan man end vender og drejer spørgsmålet, og selv om man tildeler riddernes privilegerede funktioner i kommunen (såsom *podestà*, *capitano*, højtstående officerer og diplomater) en stor plads, må en analyse af riddernes verden imidlertid betyde en indsnævring af perspektivet i forhold til samfundets mere generelle udvikling, med hvilken de er på kollisionskurs.

En anden mulighed, som i stedet udvider perspektivet i forhold til øjeblikkets forandringer i samfundets organisering, vil være at søge at indplacere konflikten i den flere gange fremhævede tendens til et mere udbygget og suverænt statsapparat. Denne forbindelse er, som vi har set, på ingen måde ny: Rubinstein, Becker, Tabacco, Raveggi med flere og Zorzi (og i begrænset omfang Ottokar) har alle i forskelligt omfang peget på styrkelsen af styrets autoritet på bekostning af individualismen og partikularismen.

Men på trods af denne tydelige fælles linie i deres arbejder er forsøgene på at sammenkæde denne udvikling med mere sofistikerede teorier om tidlig statsdannelse forblevet forholdsvis spage. Når jeg siger "statsdannelse", taler jeg selvfølgelig ikke om en lineær eller ubrudt proces, men derimod om en udvikling der ofte lider nederlag, afbrydes eller svækkes, men som trods alt – langsomt, men sikkert – gør sig gældende. Jeg ser heller ikke denne proces som udtryk for en gruppes planer eller større teoretiske overvejelser, men som mindre tiltag, der ét efter ét viser sig hensigtsmæssige, gennem hvilke man opbygger et stort apparat. Man skal kort sagt være varsom med at benytte vore tiders rationelle og evolutionistiske tankegang på Middelalderen. Hvorom alting er, vil det være interessant at undersøge, hvorledes den institutionelle og konstitutionelle udvikling i forbindelse med indgrebene mod *magnati* stemmer overens med mere generelle teorier om statens vorden.[298] Hvordan passer konflikten ind i de centrale parametre, man kan forbinde med en stats eksistens, som legitimitet, disciplinering af befolkningen og institutionel opbygning? Er det ikke også påfaldende, at ideologien om *il ben comune* og *il buon governo*, altså om almenvellet som udtrykt i "staten", netop blomstrer op i denne tid?[299] Er sammenhængen ikke soleklar? Umiddelbart kunne man være fristet til at svare bekræftende, men det vil naturligvis kræve yderligere studier at komme med et mere kvalificeret svar. I denne forbindelse vil den salveminianske/ottokarianske periode 1280-1295 sikkert vise sig for snæver, og det vil utvivlsomt blive nødvendigt at udvide tidshorisonten (som Cavalca og Becker har gjort i deres artikler) til et sted midt i det 14. århundrede for ikke kun at se tiltagene i deres kaotiske fødsel, men at følge den videre udvikling og effekterne af lovgivningen mod *magnati*.

Ud over, i Rubinsteins fodspor, at knytte det florentinske tilfælde til den generelle europæiske udvikling, falder det naturligt – og måske nærmere – at undersøge, hvordan denne konflikt udtrykker sig i andre nord- og centralitalienske kommuner. En sådan sammenligning skal selvfølgelig foretages med den yderste forsigtighed og stor opmærksomhed på de forskellige forhold og tempi, som gør sig gældende i de kommunale samfund, men den vil alligevel formodentlig kunne bidrage med vigtige oplysninger. Det kan undre, at en komparativ analyse af lovgivningen mod *magnati* kun er foretaget én gang i slutningen af trediverne og ikke siden er blevet genoptaget.[300] Der er ellers kommet mange nye undersøgelser af de enkelte samfunds lovgivninger i mellemtiden, og grundlaget for fornyet overvejelse er derfor i høj grad til stede[301]. Det er selvsagt uvist, hvorvidt et sådant arbejde vil kunne bidrage til en bedre forståelse af det florentinske tilfælde, men hvis man, som jeg, ser lovgivningen mod *magnati* som del af en bredere økonomisk og politisk udvikling, må det samme billede, med diverse variationer i tempo og konkret fremtrædelse, vise sig overalt i disse bystater.

Det skyldes hverken forglemmelse, uvidenhed eller utaknemlighed, at jeg ikke har indledt dette arbejde med den taksigelse, som den gode tone foreskriver. Tværtimod beror det på respekt for dem, jeg er tak skyldig, thi de kender udmærket min taknemlighed og har ikke behov for lobhudling. Til gengæld vil jeg gerne, måske lidt påvirket af tidens tendens til at undskylde, bede om mine læseres forståelse, eller måske nærmere forklare, hvorfor denne bog har fået den form, den nu engang har. Hvis man sidder tilbage med den fornemmelse, at den er som et tilløb uden spring, som én stor indledning, så forstår jeg det godt. Men det har været mig nødvendigt at sondere den historiografi, der eksisterer på området, dels for at lære emnet grundigt at kende, dels – og dette vigtigere, men samtidig uløseligt logisk forbundet med erkendelsen af den eksisterende forsknings resultater – for at forstå, hvad der endnu ikke er udforsket eller blot utilfredsstillende undersøgt.

Man kan derfor med en vis ret betragte dette arbejde som et forstudium, som er uundværligt for den indsigt, der muliggør de projekter, jeg her til sidst kort har skitseret. Alligevel mener jeg, at disse sider kan stå alene. Det engelske udtryk *definitive study* har altid forekommet mig absurd og i direkte modstrid med erkendelsens natur. Personligt har jeg altid oplevet, at jo mere jeg lærte, jo mere gik det op for mig, hvor meget jeg ikke forstod. I forlængelse af denne filosofi vil jeg konkludere, at jeg med disse sider endnu en gang har flyttet grænserne for min uvidenhed.

VI. Bibliografi

Kilder

Officielle dokumenter

Le Consulte della Repubblica fiorentina dall'anno MCCLXXX al MCCXCVIII per la prima volta pubblicate da Alessandro Gherardi, vol. I-II, Firenze, G. C. Sansoni Editore, 1896-98

ROBERT DAVIDSOHN, *Forschungen zur (älteren) Geschichte von Florenz*, vol. I-IV, Berlin, Ernst Siegfried Mittler und Sohn, 1896-1908

JEAN GUIRAUD, *Les Registres d'Urbain IV (1261-1264)*, Paris, Fontemoing, 1900

EDOUARD JORDAN, *Les Registres de Clément IV (1265-1268)*, Paris, Thorin, 1893

Il Libro del Chiodo, (*Fonti per la storia dell'Italia medievale, Antiquitates*, 9), a cura di Fabrizio Ricciardelli, Roma, Istituto Palazzo Borromini, 1998

Liber Extimationum: (Il Libro degli Estimi): (An. MCCLXIX), pubblicato per cura di Olof Brattø, Stockholm, Almquist & Wiksell, 1956

Il Libro di Montaperti. Ann. MCCLX, (*Documenti di Storia Italiana*, tomo IX), a cura di Cesare Paoli, Firenze, G.P. Vieussseux Editore, 1889

Statuti della Repubblica fiorentina, editi da Romolo Caggese, vol. I, *Statuto del Capitano del Popolo degli anni 1322-1325*, Firenze, Tipografia Galileiana, 1910; vol. II, *Statuto del Podestà dell'anno 1325*, Firenze, Tipografia Galileiana e Tipografia E. Ariani, 1921

Udgaver af og studier om *Ordinamenti di Giustizia*

GIUSEPPE BISCIONE, "I codici superstiti degli Ordinamenti di giustizia fiorentini", i *Ordinamenti di giustizia fiorentini. Studi in occasione del VII centenario*, (*Archivio di Stato di Firenze – Scuola di archivistica paleografica e diplomatica*, 4), a cura di Vanna Arrighi, Firenze, EDIFIR-EDIZIONI, 1995, pp. 163-187

FRANCESCO BONAINI, "Gli Ordinamenti di Giustizia del Comune e Popolo di Firenze compilati nel 1293", i *Archivio Storico Italiano*, nuova serie, I (1855), pp. 1-93

Vincenzio Fineschi, *Memorie istoriche che possono servire alle vite degli uomini illustri del convento di Santa Maria Novella di Firenze dall'anno 1221 al 1320*, Firenze, Cambiagi, 1790

"Florentina Mater", *Ordinamenti di giustizia, 1293-1993*, Firenze, SP 44, 1993

Ordinamenti di Giustizia del Popolo e Comune di Firenze dal 1292 al 1324, i Paolo Emiliani Giudici, *Storia dei Municipj italiani*, vol. II, Firenze, Poligrafia Italiana, 1853, pp. 307-426

Gli Ordinamenti di Giustizia del 6 luglio 1295, i Gaetano Salvemini, *Magnati e popolani in Firenze dal 1280 al 1295*, Firenze, Tipografia G. Carnesecchi e figli, 1899, pp. 384-432

Krøniker

Leonardo Bruni Aretino, *Historiarum florentini populi libri XII rerum suo tempore gestarum commentarius*, a cura di Emilio Santini e Carmine di Pietro, Città di Castello, Casa Editrice S. Lapi, 1914

Leonardo Bruni detto l'Aretino, *Istoria fiorentina di Leonardo Aretino*, traduzione a cura di Donato Acciaioli, Firenze, Le Monnier, 1861

Giovanni Cambi, *Istorie*, i Ildefonso di San Luigi, *Delizie degli Eruditi Toscani*, vol. XX, Firenze, Cambiagi, 1785

Dino Compagni, *Cronica*, Torino, Einaudi, 1968

Cronaca del Pseudo-Brunetto Latini, i Pasquale Villari, *I primi due secoli della storia di Firenze*, vol. II, Firenze, G. C. Sansoni Editore, 1894

Isidoro del Lungo, *Dino Compagni e la sua Cronica*, vol. I-III, Firenze, Le Monnier, 1879-87

Ricordano Malispini, *Storia fiorentina di Ricordano Malispini col Seguito di Giacotto Malispini dalla Edificazione di Firenze sino all'Anno 1286*, a cura di Vincenzio Follini, Firenze, Tipografia G. Ricci, 1816

Paolini Pieri, *Cronica di Paolini Pieri fiorentino delle cose d'Italia dall'anno 1080 fino all'anno 1305*, edito da Antonio Filippo Adami, Roma, Stamperia di Giovanni Zempel, 1755

Filippo di Cino Rinuccini, *Ricordi dal 1282 al 1460*, a cura di Giuseppe Aiazzi, Firenze, Stamperia Piatti, 1840

Sanzanome, *Gesta Florentinorum*, i Otto Hartwig, *Quellen und Forschungen zur ältesten Geschichte der Stadt Florenz*, vol. 1, Marburg, Elwert's Verlag, 1875

MARCHIONNE DI COPPO STEFANI, *Cronaca fiorentina*, a cura di Niccolò Rodolico, i *Rerum Italicarum Scriptores*, tomo XXX, parte I, Città di Castello, Casa Editrice S. Lapi, 1903

NERI STRINATI, *Cronichetta*, i PACE DA CERTALDO, *Storia della guerra di Semifonte*, Firenze, Stamperia Imperiale, 1753

GIOVANNI VILLANI, *Cronica di Giovanni Villani, a miglior lezione ridotta coll'aiuto de' testi a penna*, vol.1-8, Firenze, Magheri, 1823

Sekundærlitteratur

Specialiserede studier om konflikten mellem *magnati* og *popolani* i Firenze

MARVIN B. BECKER, "A Study in Political Failure – The Florentine Magnates: 1280-1343", i *Mediaeval Studies* XXVII (1965), pp.246-308

DESIDERIO CAVALCA, "Il ceto magnatizio a Firenze dopo gli Ordinamenti di Giustizia", i *Rivista di Storia del Diritto Italiano*, XL-XLI (1967-68), pp. 85-132

CAROL LANSING, *The Florentine Magnates: Lineage and Faction in a Medieval Commune*, Princeton New Jersey, Princeton University Press, 1991

Ordinamenti di giustizia fiorentini – Studi in occasione del VII centenario, (*Archivio di Stato di Firenze – Scuola di archivistica paleografica e diplomatica*, 4), a cura di Vanna Arrighi, Firenze, EDIFIR-Edizioni, 1995

NICOLA OTTOKAR, *Il Comune di Firenze alla fine del Dugento*, Torino, Einaudi, 1962 (1926)

—, "A proposito della presunta riforma costituzionale adottata il 6 luglio 1295 a Firenze", i *Archivio Storico Italiano*, serie VII, XIX (1933), pp. 173-179

GUIDO PAMPALONI, "I *magnati* a Firenze alla fine del Dugento", i *Archivio Storico Italiano*, serie VII, CXXIX (1971), pp. 387-423

SERGIO RAVEGGI, MASSIMO TARASSI, DANIELA MEDICI & PATRIZIA PARENTI, *Ghibellini, Guelfi e Popolo Grasso – I detentori del potere politico a Firenze nella seconda metà del Dugento*, Firenze, La Nuova Italia, 1978

NICOLA RUBINSTEIN, "La lotta contro i *magnati* a Firenze – I. La prima legge sul 'sodamento' e la pace del Card. Latino", i *Archivio Storico Italiano*, serie VII, XCIII (1935), vol. II, I, pp. 161-172

—, *La lotta contro i magnati a Firenze – II. Le origini della legge sul sodamento*, Firenze, Leo S. Olschki Editore, 1939

Gaetano Salvemini, *Magnati e popolani in Firenze dal 1280 al 1295*, i *Opere di Gaetano Salvemini: I. Scritti di storia medievale*, vol. I, *Magnati e popolani in Firenze dal 1280 al 1295*, a cura di Ernesto Sestan, Milano, Feltrinelli, 1966 (1899), pp. 1-258

Andrea Zorzi, "Politica e giustizia a Firenze al tempo degli Ordinamenti antimagnatizi", i *Ordinamenti di giustizia fiorentini – Studi in occasione del VII centenario*, (*Archivio di Stato di Firenze – Scuola di archivistica paleografica e diplomatica*, 4), a cura di Vanna Arrighi, Firenze, EDIFIR-Edizioni, 1995, pp. 105-147

Andre studier hvori konflikten mellem *magnati* og *popolani* i Firenze behandles

Marvin B. Becker, *Florence in Transition*, vol. I-II, Baltimore, The Johns Hopkins Press, 1967-1968

—, "The Republican City State in Florence: an Inquiry into its Origin and Survival, 1280-1434", i *Speculum*, XXXV (1960), pp. 39-50

Romolo Caggese, *Firenze dalla decadenza di Roma al Risorgimento d'Italia*, vol. I, Firenze, Bemporad, 1912

Robert Davidsohn, *Geschichte von Florenz*, vol. 1-4, Berlin, Ernst Siegfried Mittler und Sohn, 1896-1927

—, *Storia di Firenze*, vol.1-8, Firenze, Sansoni, 1956-1968 (revideret oversættelse af førnævnte; Davidsohn overvågede selv oversættelsen og korrigerede samtidig flere fejl, hvorfor denne udgave er at foretrække)

Enrico Fiumi, "Fioritura e decadenza dell'economia fiorentina", i *Archivio Storico Italiano*, serie VII, CXV (1957), pp. 385-439; CXVI (1958), pp. 443-510; CXVII (1959), pp. 427-502

—, *Fioritura e decadenza dell'economia fiorentina*, Firenze, Leo S. Olschki Editore, 1977

Gino Masi, "Il popolo a Firenze alla fine del Dugento", i *Archivio Giuridico*, serie IV, XCIX (1928), pp. 86-100 & 164-199

—, "La struttura sociale delle fazioni politiche fiorentine ai tempi di Dante", i *Giornale Dantesco*, nuova serie I, XXXI (1928), pp. 3-28

—, "I banchieri fiorentini nella vita politica della città sulla fine del Dugento", i *Archivio Giuridico*, serie IV, CV (1931), pp. 57-89

Nicola Ottokar, *Studi comunali e fiorentini*, ed. La Nuova Italia, San Casciano Val di Pesa, Tipografia Fratelli Stianti, 1948

Giovanni Tabacco, *La storia politica e sociale*, i *Storia d'Italia*, vol. II, Torino, Einaudi, 1974

—, *Egemonie sociali e strutture del potere nel Medioevo italiano*, Torino, Einaudi, 1979

Studier om konflikten mellem *magnati* og *popolani* i andre kommuner

Centro italiano di studi di storia e d'arte, Pistoia, *Magnati e popolani nell'Italia comunale: 15° convegno di Studi: Pistoia, 15-18 maggio 1995*, Pistoia, presso la sede del Centro, 1997

Emilio Cristiani, *Nobiltà e popolo del comune di Pisa. Dalle origini del podestariato alla signoria dei Donoratico*, Napoli, Istituto Italiano per gli Studi Storici, 1962

Gina Fasoli, "Ricerche sulla legislazione antimagnatizia nei comuni italiani dell'alta e media Italia", i *Rivista di Storia del Diritto Italiano*, XII (1939), pp. 86-133, 240-309

Om riddervæsnet

Franco Cardini, "'Nobiltà' e cavalleria nei centri urbani: Problemi e interpretazioni", i *Nobiltà e ceti dirigenti in Toscana nei secoli XI-XIII: strutture e concetti, Comitato di studi sulla storia dei ceti dirigenti in Toscana. Atti del IV convegno, 12 dicembre 1981*, Firenze, Francesco Papafava Editore, 1982, pp. 13-28

Emilio Cristiani, "Sul valore politico del cavalierato nella Firenze dei secoli XIII e XIV", i *Studi medievali*, serie III, III (1962), pp. 365-371

Gina Fasoli, "Lineamenti di una storia della cavalleria", i *Studi di storia medievale e moderna in onore di Ettore Rota*, a cura di Pietro Vaccari & Pier Ferdinando Palumbo, Roma, Edizioni del Lavoro, 1958, pp. 81-93

Stefano Gasparri, *I "milites" cittadini. Studi sulla cavalleria in Italia*, Roma, Istituto Storico Italiano per il Medio Evo, 1992

Carlo Guido Mor, "La Cavalleria", i *Nuove questioni di storia medioevale*, Milano, Marzorati, 1964, pp.129-143

GAETANO SALVEMINI, *La dignità cavalleresca nel Comune di Firenze*, Firenze, Tipografia M. Ricci, 1896 (siden genoptrykt i *Opere di Gaetano Salvemini: I. Scritti di storia medievale*, vol. II, *La dignità cavalleresca nel Comune di Firenze e altri scritti*, a cura di Ernesto Sestan, Milano, Feltrinelli, 1972, pp. 99-203)

GIOVANNI TABACCO, "Nobili e cavalieri a Bologna e a Firenze fra XII e XIII secolo", i *Studi medievali*, serie III, XVII (1976), pp. 41-79

DANIEL WALEY, "The Army of the Florentine Republic from the Twelfth to the Fourteenth Century", i *Florentine Studies: Politics and Society in Renaissance Florence*, red. Nicolai Rubinstein, London, Faber & Faber, 1968, pp. 70-108

Om studiet af kilderne

PAOLO CAMMAROSANO, *Italia medievale. Struttura e geografia delle fonti scritte*, Roma, La Nuova Italia Scientifica, 1991

PAOLO DELOGU, *Introduzione allo studio della storia medievale*, Bologna, Società editrice il Mulino, 1994

Andre omtalte værker

ERIK BACH, *La cité de Gênes au XIIe siècle*, (*Classica et mediaevalia. Dissertationes*, 5), København, Gyldendal, 1955

La crisi degli ordinamenti comunali e le origini dello stato del Rinascimento, (*Istituzioni e società nella storia d'Italia*, 2), a cura di Giorgio Chittolini, Bologna, Società editrice il Mulino, 1979

CHARLES TREVOR DAVIS, "An Early Florentine Political Theorist: Fra Remigio de' Girolami", i *id.*, *Dante's Italy and other Essays*, Philadelphia, University of Pensylvania Press, 1984, pp. 198-223

RICHARD EGENTER, "Gemeinnutz vor Eigennutz – Die sociale Leitidee im 'Tractatus de bono communi' des Fr. Remigus von Florenz (†1319)", i *Scholastik*, IX (1934), pp. 79-92

CARLO FARLETTI, *Il tumulto dei Ciompi. Studio storico-sociale*, Roma-Torino-Firenze, Loescher, 1882

ROBERT MICHELS, *Zur Sociologie des Parteiwesens in der modernen Demokratie. Untersuchungen über die oligarchischen Tendenzen des Gruppenlebens*, Leipzig, W. Klinkhardt, 1911

Origini dello Stato – Processi di formazione statale in Italia fra medioevo ed età moderna, (*Annali dell'Istituto storico italo-germanico*, quaderno 39), a cura di Giorgio Chittolini, Anthony Molho, Pierangelo Schiera, Bologna, Società editrice il Mulino, 1997 (1994)

JOHAN PLESNER, *L'émigration de la campagne à la ville libre de Florence au XIIIe siècle*, København, Gyldendal, 1934

—, *Una rivoluzione stradale del Dugento*, (*Acta Jutlandica; Aarsskrift for Aarhus Universitet*, X, 1), Aarhus, Universitetsforlaget i Aarhus, 1938

NICOLAI RUBINSTEIN, "Political Ideas in Sienese Art", i *Journal of the Warburg and Courtauld Institute*, XXI (1958), pp. 179-207

PIETRO SANTINI, "La Società delle Torri in Firenze", i *Archivio Storico Italiano*, serie IV, XX (1887), pp. 25-58, 178-204

ERNESTO SESTAN, "Salvemini storico e maestro", i *Rivista Storica Italiana*, LXX (1958), pp. 5-43

—, "Nicola Ottokar", i *Rivista Storica Italiana*, LXXI (1959), pp. 178-184

BODIL RØRDAM THOMSEN, "Mellemitaliensk byhistorie i højmiddelalderen", i *Historisk Tidsskrift*, 12, V, pp. 119-134

Noter

[1] JOHAN PLESNER, *L'émigration de la campagne à la ville libre de Florence au XIIIe siècle*, København, Gyldendal, 1934; id., *Una rivoluzione stradale del Dugento*, (*Acta Jutlandica; Aarsskrift for Aarhus Universitet*, X, 1), Aarhus, Universitetsforlaget i Aarhus, 1938; ERIK BACH, *La cité de Gênes au XIIe siècle*, (*Classica et mediaevalia. Dissertationes*, 5), København, Gyldendal, 1955. Man kunne dertil føje en enkelt forskningsoversigt: BODIL RØRDAM THOMSEN, "Mellemitaliensk byhistorie i højmiddelalderen", i *Historisk Tidsskrift*, 12, V, pp. 119-134.

[2] SANZANOME, *Gesta Florentinorum*, i OTTO HARTWIG, *Quellen und Forschungen zur ältesten Geschichte der Stadt Florenz*, vol. 1, Marburg, Elwert's Verlag, 1875.

[3] RICORDANO MALISPINI, *Storia fiorentina di Ricordano Malispini col Seguito di Giacotto Malispini dalla Edificazione di Firenze sino all'Anno 1286*, a cura di Vincenzio Follini, Firenze, Tipografia G. Ricci, 1816.

[4] Den mest seriøse blandt de mange udgaver af Villanis krønike er GIOVANNI VILLANI, *Cronica di Giovanni Villani, a miglior lezione ridotta coll'aiuto de' testi a penna*, vol. 1-8, Firenze, Magheri, 1823. Om Dino Compagnis krønikes ægthed stod der en tid lang tvivl, og det hævdedes fra flere hold, at den var et falsum fra Renæssancen. Næsten alle kritiske røster forstummede dog da Isidoro Del Lungos store værk så dagens lys. En grundig filologisk redaktion af krøniken ledsages her af et overbevisende forsvar for dens autenticitet, baseret på en rig dokumentation, jf. ISIDORO DEL LUNGO, *Dino Compagni e la sua Cronica*, vol. I-III, Firenze, Le Monnier, 1879-87. For en lettere tilgængelig udgave af krøniken kan jeg varmt anbefale DINO COMPAGNI, *Cronica*, Torino, Einaudi, 1968, som indeholder en glimrende introduktion og righoldige noter af Gino Luzzato.

[5] MARCHIONNE DI COPPO STEFANI, *Cronaca fiorentina*, a cura di Niccolò Rodolico, i *Rerum Italicarum Scriptores*, tomo XXX, parte I, Città di Castello, Casa Editrice S. Lapi, 1903; for tiden 1250-1295, se pp. 37-76.

[6] *Cronaca del Pseudo-Brunetto Latini*, i PASQUALE VILLARI, *I primi due secoli della storia di Firenze*, vol. II, Firenze, G. C. Sansoni Editore, 1894, pp. 195-269.

[7] NERI STRINATI, *Cronichetta*, i PACE DA CERTALDO, *Storia della guerra di Semifonte*, Firenze, Stamperia Imperiale, 1753.

[8] PAOLINI PIERI, *Cronica di Paolini Pieri fiorentino delle cose d'Italia dall'anno 1080 fino all'anno 1305*, edito da Antonio Filippo Adami, Roma, Stamperia di Giovanni Zempel, 1755, pp. 56-57.

[9] FILIPPO DI CINO RINUCCINI, *Ricordi dal 1282 al 1460*, a cura di Giuseppe Aiazzi, Firenze, Stamperia Piatti, 1840, p. iv.

[10] GIOVANNI CAMBI, *Istorie*, i ILDEFONSO DI SAN LUIGI, *Delizie degli Eruditi Toscani*, vol. XX, Firenze, Cambiagi, 1785.

[11] Værket eksisterer i mange udgaver, hvoraf den mig bekendt sidste på originalsproget er LEONARDO BRUNI ARETINO, *Historiarum florentini populi libri XII rerum suo tempore gestarum commentarius*, a cura di Emilio Santini e Carmine di Pietro, Città di Castello, Casa Editrice S. Lapi, 1914. For en italiensk oversættelse må vi ty

til LEONARDO BRUNI, DETTO L'ARETINO, *Istoria fiorentina di Leonardo Bruni*, traduzione a cura di Donato Acciaioli, Firenze, Le Monnier, 1861.

[12] *Le Consulte della Repubblica fiorentina dall'anno MCCLXXX al MCCXCVIII per la prima volta pubblicate da Alessandro Gherardi*, vol. I-II, Firenze, G. C. Sansoni Editore, 1896-98.

[13] *Il Libro di Montaperti. Ann. MCCLX*, (Documenti di Storia Italiana, tomo IX), a cura di Cesare Paoli, Firenze, G.P. Vieusseux Editore, 1889.

[14] *Liber Extimationum: (Il Libro degli Estimi): (An. MCCLXIX)*, pubblicato per cura di Olof Brattø, Stockholm, Almquist & Wiksell, 1956.

[15] Faktisk er der bevaret hele tre kopier af denne bog, hvoraf den kendeste, på grund af sin indbinding, bærer tilnavnet *Libro del Chiodo*; nyeste tekstkritiske udgave *Il Libro del Chiodo*, (Fonti per la storia dell'Italia medievale, Antiquitates, 9), a cura di Fabrizio Ricciardelli, Roma, Istituto Palazzo Borromini, 1998

[16] De relevante udgaver for vor periode stammer således fra årene 1322-1325; jf. *Statuti della Repubblica fiorentina*, editi da Romolo Caggese, vol. I, *Statuto del Capitano del Popolo degli anni 1322-1325*, Firenze, Tipografia Galileiana,1910; vol. II, *Statuto del Podestà dell'anno 1325*, Firenze, Tipografia Galileiana e Tipografia E. Ariani, 1921.

[17] For en gennemgang af de forskellige manuskripter, jf. GIUSEPPE BISCIONE, "I codici superstiti degli Ordinamenti di giustizia fiorentini", i VANNA ARRIGHI, 1995, pp. 163-187.

[18] ILDEFONSO DI SAN LUIGI, *Delizie* cit., vol. IX, Firenze, Cambiagi, 1777, pp. 305-330, 342-351, 353-357.

[19] VINCENZIO FINESCHI, *Memorie istoriche che possono servire alle vite degli uomini illustri del convento di Santa Maria Novella di Firenze dall'anno 1221 al 1320*, Firenze, Cambiagi, 1790.

[20] PAOLO EMILIANI GIUDICI, *Storia dei Municipj italiani*, vol. II, Firenze, Poligrafia Italiana, 1853, pp. 307-426.

[21] FRANCESCO BONAINI, "Gli Ordinamenti di Giustizia del Comune e Popolo di Firenze compilati nel 1293", i *Archivio Storico Italiano*, nuova serie, I (1855), pp. 1-93; selve lovteksten findes *ibid.*, pp. 37-71.

[22] GAETANO SALVEMINI, *Magnati e popolani in Firenze dal 1280 al 1295*, i *Opere di Gaetano Salvemini: I. Scritti di storia medievale*, vol. I, a cura di Ernesto Sestan, Milano, Feltrinelli, 1966 (1899), pp. 139-142. For de reviderede *Ordinamenti* af 6. juli 1295, jf. SALVEMINI, *Magnati e popolani* cit., Tipografia G. Carnesecchi e figli, 1899, pp. 384-432 (førsteudgaven indeholder et digert appendiks med mange centrale kilder); eller for et genoptryk af så vel Bonainis *prima bozza* som Salveminis redaktion af senere *Ordinamenti*, jf. "FLORENTINA MATER", *Ordinamenti di giustizia, 1293-1993*, Firenze, SP 44, 1993.

[23] Jf. PIETRO SANTINI, "La Società delle torri in Firenze", i *Archivio Storico Italiano*, serie IV, XX (1887), pp. 25-58, 178-204.

[24] Jf. NICOLA OTTOKAR, *Il Comune di Firenze alla fine del Dugento*, Torino, Einaudi, 1962 (1926), pp. 48-49 n. 1 og *passim*.

[25] Vi taler om paverne Urban IV og Clement IV, jf. JEAN GUIRAUD, *Les Registres d'Urbain IV (1261-1264)*, Paris, Fontemoing, 1900; EDOUARD JORDAN, *Les Registres de Clément IV (1265-1268)*, Paris, Thorin, 1893.

²⁶ For den bedste bibliografi over kilderne, udgivne og uudgivne, jf. SERGIO RAVEGGI, MASSIMO TARASSI, DANIELA MEDICI & PATRIZIA PARENTI, *Ghibellini, Guelfi e Popolo Grasso – I detentori del potere politico a Firenze nella seconda metà del Dugento*, Firenze, La Nuova Italia, 1978, pp. 327-331; for beskrivelser af kilderne fra perioden 1260-1280, jf. *ibid.*, pp. 23-27, 97-103. En god introduktion til Middelalderens kilder og deres behandling findes i PAOLO DELOGU, *Introduzione allo studio della storia medievale*, Bologna, Società editrice il Mulino, 1994. Mere specifik og langt grundigere om den italienske situation er PAOLO CAMMAROSANO, *Italia medievale. Struttura e geografia delle fonti scritte*, Roma, La Nuova Italia Scientifica, 1991, især pp. 113-317.

²⁷ Udtrykket stammer fra Dino Compagni, der beskriver, hvordan nogle af disse "ædle krigsvante herrer", efter slaget ved Campaldino (1289), bebrejder priorerne, at de har blandet sig i kamphandlingernes ledelse og ikke overladt dette hverv til dem, som forstår sig bedst på det, nemlig de selvsamme *gentili uomini usi alla guerra*; DINO COMPAGNI, *Cronica* cit., I, 10.

²⁸ GAETANO SALVEMINI, *La dignità cavalleresca nel Comune di Firenze*, Firenze, Tipografia M. Ricci, 1896.

²⁹ *La lotta dei partiti in Firenze dal 1280 al 1295 e la formazione dei primi Ordinamenti di Giustizia.*

³⁰ Salvemini omtaler selv, i et brev til vennen Piero Pieri, den resulterende bog som skrevet "Nell'entusiasmo delle prime scoperte e sotto l'influenza delle dottrine marxiste proprio da me abbracciate con fervore in quegli anni..." ("i entusiasmen over de første opdagelser og under indflydelse af de marxistiske doktriner, som i de år brændende optog mig..."); jf. ERNESTO SESTAN, "Salvemini storico e maestro", i *Rivista Storica Italiana*, LXX (1958), p. 15 n. 1.

³¹ GAETANO SALVEMINI, SALVEMINI, *Magnati e popolani in Firenze dal 1280 al 1295*, Tipografia G. Carnesecchi e figli 1899; 3. udgave (som jeg her refererer til), i *Opere di Gaetano Salvemini: I. Scritti di storia medievale*, vol. I, a cura di Ernesto Sestan, Milano, Feltrinelli, 1966, pp. 1-258.

³² En del år tidligere havde en anden historiker således tolket Ciompi-opstanden som udtryk for klassekamp, dog helt uden socialistiske undertoner; jf. CARLO FARLETTI, *Il tumulto dei Ciompi. Studio storico-sociale*, Roma-Torino-Firenze, Loescher, 1882.

³³ Salveminis læremester Pasquale Villari bryder i 1860'erne med den historiografiske tradition omkring Firenzes middelalderhistorie, der primært var baseret på krønikerne, for at privilegere de dokumentariske kilder; jf. PASQUALE VILLARI, *I primi due secoli della storia di Firenze*, vol. I-II, Firenze, G. C. Sansoni Editore, 1893-1894.

³⁴ SALVEMINI, 1966, pp. 6-10; "In Firenze, dunque, nel secolo XIII non è vero che vi sieno due partiti soli, guelfo popolare e ghibellino nobile; tanto i Guelfi quanto i Ghibellini son nobili, e all'infuori di essi vi è un terzo partito, il popolare, distinto egualmente e dagli uni e dagli altri." ("Det er altså ikke sandt, at der i Firenze i det 13. århundrede kun er to partier, folkelige guelfer og adelige ghibelliner; guelferne er lige så adelige som ghibellinerne, og udover dem er der et tredje parti, det folkelige, der adskiller sig fra såvel de første som de sidste."), *ibid.*, p. 10.

[35] *Ibid.*, pp. 12-13; kampen om magten 1266-1267 er desuden emne for en diger *excursus*: "Il passaggio del Comune di Firenze a parte guelfa (1266-67)", *ibid.*, pp. 194-231.

[36] *Ibid.*, pp. 22-26; "...vediamo che coi termini 'milites' e 'magnates' le fonti vogliono indicare un ceto di persone molto simile a quello che ai giorni nostri è composto della vecchia aristocrazia e della nuova plutocrazia." ("...vi ser, at kilderne med udtrykkene 'milites' og 'magnates' vil angive et lag, der minder meget om det, som i vore dage er sammensat af det gamle aristokrati og det ny plutokrati."), *ibid.*, p. 26.

[37] *Ibid.*, pp. 26-27.

[38] "Considerato sotto il rispetto politico, il Popolo è composto solo delle persone appartenenti a certe determinate associazioni, le quali costituiscono una organizzazione politica contrapposta ai Magnati e lottante con essi." ("Politisk set udgøres *Popolo* udelukkende af personer, som tilhører visse bestemte organisationer, der konstituerer en organisation, som er *magnati*'s politiske modstander og som kæmper mod disse."), *ibid.*, p. 27.

[39] *Ibid.*, pp. 27-36.

[40] "Se ora confrontiamo il Popolo grasso coi Magnati, vediamo subito che la lotta non ha la sua radice nella ambizione e nella invidia, con cui i cronisti spiegano comodamente tutte le discordie fiorentine, ma in un contrasto inconciliabile d'interessi, il quale fa sí che la vittoria degli uni debba significare necessariamente la rovina completa e irreparabile degli altri." ("Hvis vi nu sammenligner *Popolo grasso* med *magnati*, ser vi straks, at kampen ikke har rod i ambitioner og misundelse, sådan som krønikerne så bekvemt forklarer alle de florentinske uenigheder, men i en uforenelig interessekonflikt, der betyder, at den ene parts sejr nødvendigvis må betyde dens andens totale og uigenkaldelige nederlag."), *ibid.*, p. 36.

[41] *Ibid.*, pp. 36-43; "Questa lotta fra produttori e consumatori, che del resto è un fatto universale della storia umana, era nella Firenze del secolo XIII lotta fra Magnati, costituenti la grande proprietà fondiaria, e Popolo grasso, rappresentante di tutto il resto della popolazione cittadina." ("Denne kamp mellem producenter og forbrugere, som for øvrigt er en universel kendsgerning i menneskehedens historie, var i det 13. århundredes Firenze en kamp mellem *magnati*, som var de store jordejere, og *Popolo grasso*, der repræsenterede resten af byens befolkning."), *ibid.*, p. 40.

[42] *Ibid.*, pp. 43-44; "L'aumento della popolazione [...] determinò anche un rialzo corrispondente nei prezzi delle pigioni, al quale naturalmente gli artigiani cercavano di opporsi." ("Befolkningstilvæksten [...] betød også en tilsvarende stigning i huslejen, hvilket laugsmedlemmerne naturligvis søgte at modsætte sig."), *ibid.*, p. 43.

[43] *Ibid.*, pp. 44-48; "Era fatto d'ogni giorno che il partito dominante cercasse di estimare in maggior quantità del giusto i beni degli avversari, per riversare sulle loro spalle un maggior peso tributario." ("Det var helt almindeligt, at det dominerende parti søgte at overvurdere modstandernes besiddelser, for at beskatte dem hårdere."), *ibid.*, p. 46.

[44] "La lotta, quindi, fra Magnati e Popolani era una conseguenza necessaria, saremmo per dire matematica, dello sviluppo demografico ed economico della

città di Firenze." ("Kampen mellem *magnati* og *popolani* var altså en nødvendig, vi kunne næsten sige matematisk konsekvens af den demografiske og økonomiske udvikling i Firenze"), *ibid.*, p. 40.

[45] "Se nei nostri Comuni i Grandi avessero continuato sempre a dominare, ogni accumulazione di capitale commerciale sarebbe stata impossibile, la grande produzione e il grande commercio internazionale non sarebbe sorto, le nostre città sarebbero rimaste allo stato di piccole borgate sconosciute..." ("Hvis *magnati* fortsat havde domineret i vore kommuner, så ville enhver akkumulering af handelskapital have været umulig, den store produktion og den store internationale handel ville aldrig have set dagens lys, vore byer ville være forblevet små ukendte flækker..."), *ibid.*, p. 49.

[46] *Ibid.*, pp. 48-51.

[47] *Ibid.*, pp. 51-56.

[48] "Invece Mercanti e Magnati non tengono soli il campo politico: fuori di essi vi sono le Arti minori, le quali negli ultimi del secolo XIII non sono ancora in grado di operare come partito indipendente, ma sono abbastanza forti per rendere necessaria la loro alleanza a chi vuol vincere e intervengono nella lotta e ne spostano i risultati." ("Men købmænd og *magnati* er ikke de eneste politiske aktører: Udover dem er der de små laug, *Arti minori*, der i det 13. århundredes sidste tiår endnu ikke er i stand til at handle som et selvstændigt parti, men som er tilstrækkeligt stærke til, at deres deres støtte er nødvendig for den, der ønsker at vinde, og de blander sig i kampen og forskyder resultaterne."), *ibid.*, p. 56.

[49] *Ibid.*, pp. 56-60.

[50] *Ibid.*, pp. 60-62; "Essi quindi in generale non tardarono a mettersi col Popolo; ma specialmente finché la vittoria popolare non fu definitiva, non si staccarono mai completamente dai Grandi [...] A Firenze, dove le Arti minori distolgono sempre le Arti maggiori dal raggiungere una completa vittoria, i giudici e notai si trovano piú disorientati che altrove." ("Generelt set tøver de således ikke med at tage *Popolo*'s parti; men især så lang tid den folkelige sejr ikke var endelig, løsrev de sig ikke fuldstændigt fra *magnati* [...] I Firenze, hvor de små laug stedse hindrer de store laug i at opnå den definitive sejr, er dommerne og notarene mere desorienterede end andetsteds."), *ibid.*, p. 61.

[51] "Si ha cosí fra i Grandi e il Popolo una grossa massa di persone che sarebbero popolane, ma spesso si rendono solidali coi Grandi e impediscono che il Popolo grasso ricavi dalle sue vittorie tutti i frutti possibili." ("Der er således mellem *magnati* og *Popolo* en stor gruppe, som burde være folkelig, men som ofte tager *magnati's* side og forhindrer, at *Popolo grasso* opnår alle sejrens mulige frugter."), *ibid.*, p. 62.

[52] "La società fiorentina è come una bilancia il cui ago è tenuto dal Popolo grasso ed oscilla sempre senza potersi fermare mai. Questo ci spiega perché la storia fiorentina non abbia alcuna stabilità, perché essa sia senza posa affaticata da una irrequietezza, da un bisogno continuo di muoversi, di mutare e rimutare, provare e riprovare, senza trovar mai una base su cui adagiarsi definitivamente..." ("Det florentinske samfund er som en vægt, hvis viser, der aldrig står stille, holdes af *Popolo grasso*. Dette forklarer, hvorfor den florentinske historie ikke kender til stabilitet, hvorfor den altid trættes af en urolighed, af et evigt behov for at flytte

sig, af konstant at forandre og forsøge, uden nogensinde at finde et grundlag, hvorpå den kan hvile endeligt..."), *ibid.*, p. 63.

[53] *Ibid.*, pp. 85-87; "È vero che si è formata una coalizione fra Guelfi e Popolo a danno dei Ghibellini; ma in quest'accordo il Popolo si è fatta la parte del leone" ("Det er sandt, at guelfer og *Popolo* har dannet en koalition til ghibellinernes skade; men i denne aftale har *Popolo* taget broderparten"), *ibid.*, p. 85.

[54] *Ibid.*, pp. 88-90.

[55] *Ibid.*, pp. 101-104.

[56] *Ibid.*, pp. 104-107.

[57] *Ibid.*, pp. 71-73, 75-76, 108-111, 114-117; "...con la legislazione sui Magnati il partito popolare dei Comuni italiani non creò ex novo da un momento all'altro une legislazione eccezionale; ma semplicemente applicò ai Magnati dei principî giuridici e cercò di sottometterli al diritto comune" ("...med lovgivningen mod *magnati* skabte det folkelige parti i de italienske kommuner ikke en exceptionel lovgivning fra det ene øjeblik til det andet; det anvendte simpelthen visse juridiske principper på *magnati* og søgte at tvinge dem under den fælles lov"), *ibid.*, p. 73.

[58] *Ibid.*, pp. 94, 120-121.

[59] *Ibid.*, pp. 121-123.

[60] *Ibid.*, pp. 123-125.

[61] *Ibid.*, pp. 127-131.

[62] "Fra il 1290 e il 1293 dev'essere stata nel Comune un'altalena continua fra le preponderanze dei Grandi e quella dei Popolani; dové esser quello un periodo di contrasti vivacissimi…" ("Mellem 1290 og 1293 må der i kommunen have være en konstant gyngen mellem *magnati*'s og *popolani*'s dominans; det må have været en tid med meget livlige modsætninger..."), *ibid.*, p. 133.

[63] *Ibid.*, pp. 136-137.

[64] *Ibid.*, pp. 142-159; "...gli Ordinamenti di Giustizia compilati fra il 10 e il 18 gennaio contengono una specie di compromesso fra la politica moderata del Popolo grasso e la politica, diciamo cosí, energica del Popolo minuto di fronte ai Magnati." ("...*Ordinamenti di Giustizia* som samledes 10.-18. januar indeholder en slags kompromis mellem *Popolo grasso*'s moderate og *Popolo minuto*'s mere energiske politik over for *magnati*."), *ibid.*, p. 136.

[65] "Evidentemente queste ultime disposizioni legislative hanno per punto di mira esclusivamente i Magnati e non è neanche il caso di ricercare nel diritto comune qualcosa di analogo." ("Disse sidste lovmæssige tiltag sigter tydeligvis udelukkende på *magnati*, og det er end ikke umagen værd at søge noget lignende i den almindelige lovgivning."), *ibid.*, p. 150.

[66] *Ibid.*, pp. 160-162.

[67] *Ibid.*, pp. 163-174.

[68] *Ibid.*, pp. 174-185.

[69] "Il Popolo grasso, staccatosi dal Popolo minuto nel marzo '95, ha cercato evidentemente con questa riforma di ottenere due intenti: ridurre il numero dei propri nemici e cercare nella parte piú ricca della città, esclusi sempre i Magnati per sostanza, quella base che gli era venuta meno dopo la cacciata di Giano della Bella." ("Efter at have brudt med *Popolo minuto* i marts 1295, søgte *Popolo grasso* åbenbart med denne reform at opnå to formål: at reducere antallet af modstandere,

og sammen med den rigeste del af byens indbyggere, bortset fra de erklærede *magnati*, at genskabe den magtbase, som det havde mistet efter Giano della Bellas forjagning."), *ibid.*, p. 189.

[70] ROBERT DAVIDSOHN, *Geschichte von Florenz*, vol. 1-4, Berlin, Ernst Siegfried Mittler und Sohn, 1896-1927 (vol. II, der omhandler vor periode, udkommer i 1908); og det forberedende arbejde *Forschungen zur (älteren) Geschichte von Florenz*, vol. I-IV, Berlin, Ernst Siegfried Mittler und Sohn, 1896-1908.

[71] NICOLA OTTOKAR, *Il Comune di Firenze alla fine del Dugento*, Firenze, Vallecchi, 1926; 2. udgaven, fra hvilken jeg her citerer, Torino, Einaudi, 1962.

[72] Mere end 50 år senere skal forfatterne til et af de vigtigste bidrag til debatten efter Ottokar bekende sig til hans metode og gentage hans analyse af den herskende klasse (om end over en større årrække og med andre konklusioner), jf. *infra*, pp. 82-95.

[73] "Le divergenze [...] risiedono non tanto nella diversa spiegazione dei singoli fatti, quanto nel modo stesso di vedere e di trattare la storia" ("Forskellene [...] bunder ikke så meget i en forskellig forklaring på de enkelte hændelser, som i selve måden at opfatte og behandle historien på"), OTTOKAR, 1962, p. 14.

[74] ERNESTO SESTAN, "Nicola Ottokar", i *Rivista Storica Italiana*, LXXI (1959), pp. 178-184; jf. især pp. 182-184.

[75] Foruden det nedenfor omtalte foredrag om kommunen Firenze (se *infra*, n. 109), også en yderst kort og rasende polemisk artikel om ændringen af *Ordinamenti* den 6. juli 1295. Ottokars synspunkt er, at såvel før som efter reformen skulle man reelt udøve et hverv for at have adgang til Prioratet. Adgangen gennem en pro forma indskrivelse i et laug, som andre historikere har set, er tankespind. Artiklen er skarp og velargumenteret, men har dog ikke kunnet ændre på den gængse opfattelse af reformens natur; OTTOKAR, "A proposito della presunta riforma costituzionale adottata il 6 luglio 1295 a Firenze", i *Archivio Storico Italiano*, serie VII, XIX (1933), pp. 173-179 (også optrykt i OTTOKAR, *Studi comunali e fiorentini*, red. La Nuova Italia, San Casciano Val di Pesa, Tipografia Fratelli Stianti, 1948, pp. 125-132).

[76] OTTOKAR, 1962, pp. 13-14; "Tutta la storia viene ridotta ai contrasti ed alle lotte di interessi e di tendenze, i quali si credono incarnati nelle singole unità o formazioni sociali; e queste ultime vengono perciò rappresentate come 'protagonisti collettivi' del dramma storico." ("Hele historien bliver reduceret til modsætninger og til kampe mellem interesser og tendenser, som man tror inkarnerede i individerne eller i sociale enheder; og disse sidste bliver derfor fremstillet som det historiske dramas 'kollektive hovedpersoner'."), *ibid.*, p. 32; "Questo solito modo di vedere la storia consiste nel ricercare ovunque i segni di presunti antagonismi sociali e nel ricondurre ad essi il significato di tutti gli eventi e di tutte le situazioni della vita pubblica fiorentina." ("Denne gængse måde at anskue historien på består i overalt at søge tegn på påståede sociale modsætninger, og at føre alle hændelser og alle tilstande i det offentlige florentinske liv tilbage til disse."), *ibid.*, p. 181.

[77] *Ibid.*, p. 14.

[78] "Il ceto governante non rappresenta esplicitamente gli interessi o le tendenze di un determinato gruppo di formazioni sociali [...] È una aristocrazia nel seno della società artigiana." ("Det regerende lag repræsenterer ikke eksplicit en bestemt

gruppe af sociale formationers interesser eller tendenser [...] Det er et aristokrati i laugenes midte."), *ibid.*, pp. 15-16.

[79] "...nelle elezioni dei Priori non si badava tanto all'appartenenza dei candidati a questa o quella Arte, quanto alla loro autorevolezza o posizione personale." ("...ved valgene af priorerne så man ikke så meget på, om kandidaterne tilhørte dette eller hint laug, som på deres autoritet og personlige position."), *ibid.*, p. 19.

[80] "Non mi pare dunque inverosimile che [...] anche i Priori degli anni 1282-92 fossero considerati come rappresentanti di tutto il vasto mondo artigiano di Firenze." ("Det forekommer mig derfor ikke usandsynligt, at [...] også priorerne i årene 1282-92 blev betragtet som repræsentanter for hele den store florentinske laugsverden."), *ibid.*, p. 19; "Formalmente e potenzialmente il sistema del Priorato era sempre basato sull'organizzazione di tutto il mondo artigiano." ("Formelt og potentielt var prioratsystemet altid baseret på organiseringen af hele laugsverdenen."), *ibid.*, p. 21.

[81] *Ibid.*, pp. 22-23, 30.

[82] "...nelle mutate condizioni politiche dell'Italia questo regime partigiano si adattava meglio di quell'assetto, basato sulle associazioni popolari, ai bisogni ed alle speranze del mondo affaristico di Firenze." ("...under de forandrede politiske vilkår i Italien svarede dette partistyre bedre end det styre, som var baseret på de folkelige organisationer, til Firenzes handelsverdens behov og håb."), *ibid.*, p. 34.

[83] "...l'ordine politico [...] non era affatto una oligarchia chiusa nel cerchio delle famiglie magnatizie. Essa, invece, rappresenta gli interessi dell'alto ceto commerciale ed affaristico; essa assorbiva i piú attivi ceti del popolo artigiano..." ("...den politiske orden [...] var ingenlunde et lukket oligarki bestående af *magnate*-familierne. Den repræsenterede tværtimod det høje handelslags interesser; den opsugede de mest aktive lag af laugsverdenen..."), *ibid.*, p. 45.

[84] "Non si verifica, infatti, un mutamento notevole nel ceto personale dei governanti dal rivolgimento del 1267 fino al movimento popolare del 1293" ("Der sker faktisk ingen bemærkelsesværdig forandring i de regerendes personkreds fra skiftet i 1267 til den folkelige bevægelse i 1293"), *ibid.*, p. 45.

[85] "Naturalmente, sarebbe un semplicismo inammissibile l'identificare senz'altro l'aspetto politico di Firenze del decennio 1282-92 con quello del periodo guelfo: troppo diverse sono le basi stesse della struttura politica."("Det ville naturligvis være en utilladelig forenkling at identificere Firenzes politiske udseende fra tiåret 1282-92 med det fra den guelfiske periode: Selve den politiske struktur s baser er alt for forskellige."), *ibid.*, p. 45.

[86] *Ibid.*, pp. 47-89; se især introduktionerne og delkonklusionerne til analyserne af de enkelte *sesti*, pp. 58, 58-59, 62, 62-63, 67, 73, 78, samt den intense konklusion på kapitlet, pp. 85-89.

[87] "Comunque sia, il nucleo fondamentale dei reggenti era senza dubbio concentrato in un gruppo oligarchico di famiglie e di persone, che erano strettamente legate col mondo magnatizio e colle forze plutocratiche di Firenze e rappresentavano la tradizione politica del periodo precedente." ("Hvorom alting er, den grundlæggende kerne af regerende var uden tvivl koncentreret i en oligarkisk gruppe af familier og personer, der var tæt knyttet til *magnati*'s verden og til Firenzes plutokratiske lag, og som repræsenterede den foregående periodes politiske tradition."), *ibid.*, p. 87.

[88] "La vita fiorentina di questi tempi [1282-92] fu piuttosto dominato da un contrasto fra la ristrettezza del gruppo dei dirigenti e dei capi del mondo artigiano e la larga base di masse su cui si trova formalmente impiantato ed appoggiato il sistema del Priorato delle Arti." ("Disse tiders florentinske liv [1282-92] blev snarere domineret af en modsætning mellem den snævre gruppe af regerende og af ledere fra laugenes verden på den ene side, og på den anden massernes brede base, på hvilken Prioratet formelt hvilede."), *ibid.*, p. 15; "I contrasti sociali fra Magnati e Popolani non rappresentano il motivo dominante della storia fiorentina di quel periodo [...] È piuttosto [i contrasti degli anni 1292-94] un movimento di larghe masse delle Arti (minori come maggiori) contro i gruppi dominanti e dirigenti del mondo politico di Firenze, che coinvolge, insieme ai Magnati, anche l'oligarchia governante di questi anni." ("De sociale modsætninger mellem *magnati* og *popolani* udgør ikke det dominerende motiv i den tids florentinske politik [...] Det [stridighederne 1292-94] er snarere en bevægelse af laugenes (små som store) brede masser mod de dominerende og ledende grupper i Firenzes politiske verden, der ud over *magnati* også berører disse års regerende oligarki."), *ibid.*, pp. 88-89.

[89] *Ibid.*, pp. 90-92.

[90] *Ibid.*, pp. 93-94.

[91] "I Popolani reggenti degli anni 1282-92 non sono capi di un 'partito popolare' o esponenti di un nuovo indirizzo politico [...] Essi rappresentano piuttosto un elemento di continuità, di equilibrio e di componimento." ("De regerende *popolani* 1282-92 er ikke ledere af et 'folkeligt parti' eller eksponenter for en ny politisk retning [...] De repræsenterer snarere et element af kontinuitet, af ligevægt og af forlig."), *ibid.*, p. 95.

[92] *Ibid.*, pp. 95-96.

[93] Det middelalderlige udtryk *grandigia* kan ikke uden videre oversættes med det umiddelbart nærliggende *grandezza*, storhed. Nærmere dets oprindelige betydning kommer man med verbet *grandeggiare*, der kan oversættes med at være stor i slaget. *Grandigia* har altså negative konnotationer i retning af magtbrynde, hoven optræden og arrogance.

[94] *Ibid.*, pp. 97-103; "Si combatte non contro i Magnati, come classe sociale, ma solo contro gli abusi e gli eccessi della loro potenza" ("Man slås ikke mod *magnati* som en social klasse, men kun mod misbruget og de overdrevne udslag af deres magt"), *ibid.*, p. 102.

[95] *Ibid.*, p. 106 n. 1.

[96] *Ibid.*, pp. 106-107.

[97] Denne institution skulle, med eksportbegrænsninger eller indkøb, sørge for at byen havde tilstrækkelige forsyninger af korn

[98] *Ibid.*, p. 110.

[99] "Il contado rappresenta invece un terreno di molteplici interessi e di varie attività di larghi e diversi ceti della popolazione fiorentina." ("*Contado* udgør tværtimod et område med mangeartede interesser og aktiviteter for brede og forskelligartede lag af den florentinske befolkning."), *ibid.*, p. 113.

[100] *Ibid.*, p. 115.

[101] "I frequenti mutamenti degli estimi non costituiscono quindi nulla di improvviso o di straordinario. Essi non dipendono affatto da prevalenze momentanee di diverse classi sociali o dall'avvicendarsi di opposte tendenze politiche, ma sono una condizione implicita del sistema tributario vigente." ("De hyppige forandringer af *estimi* udgør altså intet pludseligt eller ekstraordinært. De afhænger ingenlunde af forskellige sociale klassers forbigående dominans eller af modsatrettede politiske tendensers følgen på hinanden, men er en indbygget del af det fungerende skattesystem."), *ibid.*, p. 121.

[102] Det lange kapitel, "La politica fiorentina degli anni 1285-92" (*ibid.*, pp. 129-198), analyserer detaljeret kommunens politik, og især dens udenrigspolitik, eftersom Ottokar anser denne for at være årsagen til oligarkiets fald i 1293, og fordi Salvemini her har set så mange tegn på kampen mellem de sociale grupper.

[103] *Ibid.*, pp. 182-183.

[104] *Ibid.*, pp. 131-181; "Tale politica rispondeva alle necessità ed alle tendenze generali di tutto il mondo cittadino e non provocava, come vedremo, nessun dissenso fra i vari gruppi o le varie classi della popolazione." ("En sådan politik svarede til hele bybefolkningens behov og generelle tendenser, og den fremkaldte, som vi skal se, ingen uenighed mellem befolkningens forskellige grupper eller klasser."), *ibid.*, p. 131.

[105] *Ibid.*, pp. 190-193.

[106] "La necessità di rivolgersi nelle ore decisive a piú larghi ceti della cittadinanza era incontestabile ed evidente. Tale uso era conforme allo spirito e alla pratica della costituzione fiorentina, basata formalmente e potenzialmente sulle organizzazioni popolari delle Arti. [...] Le eventuali accentuazioni della base popolare del regime, che presuppongono, naturalmente, un certo rafforzamento organizzativo delle singole corporazione artigiane, non significano dunque nessuno spostamento nella vita politica di Firenze e non devono riconnettersi a competizioni o ad antagonismi interni." ("Nødvendigheden af at vende sig til bredere dele af befolkningen i svære tider var indiskutabel og åbenbar. En sådan handlemåde var i overensstemmelse med ånden og praksis i den florentinske konstitution, der formelt og potentielt hvilede på laugene [...] De eventuelle understregninger af styrets folkelige grundlag, der naturligvis forudsætter en vis organisatorisk styrkelse af de enkelte laug, betyder følgelig ingen forskydning i Firenzes politiske liv og bør ikke forbindes med interne modsætninger eller konkurrence."), *ibid.*, pp. 189.

[107] *Ibid.*, pp. 193-198.

[108] "Il movimento popolare degli anni 1293-94 fu una reazione delle masse anonime delle Arti (maggiori come minori) contro i costumi politici e la pratica di governo dell'oligarchia dirigente.[...] Si trattava di abbattere l'oligarchia dei gruppi dirigenti, contrapponendo a questo predominio di cricche e di persone una partecipazione effettiva al potere delle masse anonime delle Arti e uno spirito più 'pubblico' nell'amministrazione del Comune." ("Den folkelige bevægelse 1293-94 var en reaktion fra laugenes (*maggiori* som *minori*) anonyme masser mod det herskende oligarkis politiske opførsel og dets regeringspraksis [...] Det handlede om at omstyrte de herskende gruppers oligarki, idet man over for denne dominans af kliker og personer satte en effektiv deltagelse i magtudøvelsen for laugenes anonyme masser og en mere 'offentlig' ånd i kommunens administration"), *ibid.*, p. 212.

[109] Når Ottokar i januar 1943 vender tilbage til denne periode, i forbindelse med et foredrag om kommunen Firenze indtil år 1300, har fremstillingen undergået en interessant forandring. Den sammentrængte opsummering af perioden 1280-1295 følger ganske vist næsten ordret hans konklusioner fra 1926, men betoningen af kampen mellem "il principio particolaristico o egoistico, ed il principio comune, pubblico, statale" ("det partikularistiske eller egoistiske princip og det fælles, offentlige, statslige princip") er kraftigt forstærket. Nu udgør denne stræben efter "l'affermazione assoluta dell'unità e della supremazia dell'organismo statale" ("enhedens absolutte bekræftelse og den statslige organismes overherredømme") tidens altdominerende ambition: "Tutta la politica degli ultimi decenni del Dugento è imperniata infatti su questo contrasto" ("Al politik i 1200-tallets sidste par tiår er faktisk koncentreret om denne strid"). Til gengæld er hele den hårde kritik af "la violenta dittatura rivoluzionaria della plebe" ("pøblens voldelige revolutionsdiktatur"), der overskygger førnævnte motiv i 1926, helt forsvundet. I samme foredrag taler han for øvrigt om de historikere, som har beskæftiget sig med Firenzes historie, og blandt de endnu levende siger Ottokar, at "il primo posto va assegnato al Prof. Gaetano Salvemini, che è tuttora vivo, ma vive purtroppo lontano da noi e lontano dalla patria." ("førstepladsen må tilegnes professor Gaetano Salvemini, der stadig er i live, men som desværre lever langt fra os og fra fædrelandet."). Man kan her dårligt undlade at overveje, om Ottokar har fornemmet, hvilken retning vinden blæser og ønsker at markere sit demokratiske sindelag.; Ottokar, "Il Comune di Firenze", i Ottokar, 1948, cit., pp. 67-88; om perioden 1280-95, se pp. 83-88.

[110] "Nella figura del Magnate si concentravano tutti gli attributi negativi, contro i quali si rivolge ora la reazione delle masse anonime." ("I *magnate*-skikkelsen koncentreredes alle de negative atributter, mod hvilke de anonyme massers reaktion nu vender sig."), Ottokar, 1962, p. 200.

[111] *Ibid.*, pp. 200-202.

[112] "...la dittatura di fatto delle masse popolari non significa un regolare inquadramento di esse nella struttura politica del Comune, ma è piuttosto un mezzo di pressione, per garantire l'efficacia del regime vigente ed appoggiare un determinato indirizzo politico." ("...massernes reelle diktatur betyder ikke, at de får en regulær plads i kommunens politiske struktur, men er snarere et pressionsmiddel for at sikre det fungerende styres effektivitet og for at støtte en bestemt politisk retning."), *ibid.*, p. 199.

[113] *Ibid.*, pp. 202-206.

[114] *Ibid.*, pp. 206-207; "Ci troviamo dunque dinanzi ad un disfacimento della vecchia oligarchia governante, ad un effettivo allargamento (per quanto sulla medesima base sociale) della cerchia personale dei reggenti." ("Vi befinder os altså over for en opløsning af det gamle herskende oligarki, over for en effektiv udvidelse (om end med samme sociale basis) af de regerendes personkreds."), *ibid.*, p. 207.

[115] *Ibid.*, pp. 210-211; "La grande impresa legislativa degli ultimi Priorati dell'epoca di Giano della Bella rappresenta forse il punto culminante dell'opera riformatrice del regime rivoluzionario." ("Det store lovskabende initiativ under de sidste priorater fra Giano delle Bellas tid repræsenterer måske højdepunktet for det revolutionære styres reformarbejde."), *ibid.*, p. 211.

[116] "Malgrado la progressiva 'democratizzazione' dell'ordine costituzionale di Firenze nei tempi successivi, la vita pubblica rimane sempre dominata da una rete di legami particolaristici e settari, di aderenze e di clientele di potenti uomini e famiglie." ("Til trods for den fremadskridende 'demokratisering' af Firenzes forfatning i den efterfølgende tid, forbliver det offentlige liv altid domineret af et net af partikularistiske og sekteriske forbindelser, af tilhørsforhold og af mægtige mænds og familiers klienteller.), *ibid.*, p. 215.

[117] ROBERT MICHELS, *Zur Sociologie des Parteiwesens in der modernen Demokratie. Untersuchungen über die oligarchischen Tendenzen des Gruppenlebens*, Leipzig, W. Klinkhardt, 1911.

[118] NICOLA RUBINSTEIN, "La lotta contro i magnati a Firenze – La prima legge sul 'sodamento' e la pace del Card. Latino", i *Archivio Storico Italiano*, serie VII, XCIII (1935), vol II, I, pp. 161-172; *La lotta contro i magnati a Firenze – II. Le origini della legge sul "sodamento"*, Firenze, Leo S. Olschki Editore, 1939.

[119] Se især reflektionerne over opstanden i 1293; RUBINSTEIN, 1939, pp. 50-51.

[120] RUBINSTEIN, 1935, p. 161.

[121] *Ibid.*, pp. 162-165; "In ogni caso, per le nostre considerazioni, la prima legge sul sodamento è da avvicinare al tempo della pace del Cardinal Latino; e allora essa assume un nuovo aspetto." ("Under alle omstændigheder, hvad angår vore overvejelser, stammer den første *sodamento*-lov fra tiden omkring kardinal Latinos fredsslutning, hvilket sætter den i et helt nyt lys."), *ibid.*, p. 165.

[122] "Le misure adottate dal Cardinale Latino, con analogia ai tempi moderni, potrebbero dirsi dello 'Stato' contro un particolarismo anarchico." ("Kardinal Latinos tiltag kunne man, med en analogi til moderne tider, kalde 'statslige' mod en anarkisk partikularisme."), *ibid.*, pp. 167-168.

[123] *Ibid.*, pp. 168-171.

[124] *Ibid.*, p. 172.

[125] Rubinstein omtaler nu loven som værende fra 1280 eller 1281; RUBINSTEIN, 1939, pp. 5, 6 n. 2.

[126] *Ibid.*, pp. 5-14.

[127] *Ibid.*, pp. 14-17.

[128] *Ibid.*, pp. 18-20.

[129] *Ibid.*, pp. 21-22; "Esisteva un vero diritto penale privato come parte del diritto penale generale; la vendetta era, entro certi limiti, un diritto." ("Der eksisterede en sand privat strafferet som del af den almindelige strafferet; vendettaen var, inden for visse rammer, en ret."), *ibid.*, p. 21.

[130] *Ibid.*, pp. 28-32; "Le testimonianze ci mostrano che l'uso della faida deve esser stato legato in modo particolarmente intimo alla vita della nobiltà cavalleresca..." ("Vidnesbyrdene viser os, at brugen af fejden må have været forbundet i særlig høj grad med ridderadelens liv..."), *ibid.*, p. 32.

[131] *Ibid.*, pp. 32-35.

[132] "L'etica cavalleresca era fondata su di un concetto di libertà personale nel senso più largo della parola, una libertà che trovava i suoi limiti soltanto in un legame di natura personale, cioè nel nesso feudale [...] La vendetta cavalleresca è il sintomo giuridico di questo principio di libertà. L'offesa del singolo riguarda soltanto lui; quindi è sua la vendetta." ("Ridderetikken var baseret på en idé om personlig

frihed i ordets videste betydning, en frihed der kun fandt sine begrænsninger i en forbindelse af personlig natur, nemlig det feudale bånd [...] Riddernes vendetta er det juridiske symptom på denne personlige frihed. Den enkeltes krænkelse angår kun ham selv; altså er det hans vendetta."), *ibid.*, pp. 35-36.

[133] *Ibid.*, p. 37.

[134] *Ibid.*, pp. 31-32, 38-41, 41 n. 98.

[135] "Col movimento delle *Paci pubbliche* le grandi monarchie continentali entrano nella lotta aperta contro il sistema delle faide." ("Med bevægelsen af offentlige fredsslutninger går de store kontinentale monarkier i åben kamp mod fejdesystemet."), *ibid.*, p. 41.

[136] *Ibid.*, pp. 42-43.

[137] *Ibid.*, pp. 44-47.

[138] "È chiaro che questa azione dello Stato contro la faida non fu diretta contro la nobiltà come tale, ma contro di essa in quanto ceto che si era legato più intimamente ad una vecchia istituzione che lo Stato doveva sopprimere, nel processo della sua evoluzione e del suo consolidarsi." ("Det er åbenbart, at denne statslige handling mod fejden ikke var rettet mod adelen som sådan, men mod adelen i og med dette lag havde knyttet sig tættest til en gammel institution, som staten måtte undertrykke i sin udvikling mod konsolidering."), *ibid.*, p 48.

[139] *Ibid.*, pp. 48-50.

[140] *Ibid.*, pp. 52-53.

[141] *Ibid.*, pp. 54-55.

[142] "Ne consegue che la legge sul sodamento è da far rientrare nel movimento europeo contro l'individualismo giuridico, che aveva trovato la sua più forte espressione particolare nella vendetta cavalleresco-aristocratica [...] E come la lotta contro la vendetta in Europa è strettamente legata col sorgere degli Stati moderni, anche in Firenze essa sarà da porsi nella stessa dipendenza rispetto al consolidamento dello Stato all'interno ed alla crescente forza della volontà statale." ("Deraf følger, at sodamentoloven er en del af den europæiske bevægelse mod den juridiske individualisme, der havde fundet sit stærkeste udtryk i ridderaristokratiets vendetta [...] Og som kampen mod vendettaen i Europa er tæt knyttet til de moderne staters opståen, skal man også i Firenze se den som udslag af statens konsolidering og den statslige viljes stigende styrke."), *ibid.*, p. 56.

[143] Rubinstein insisterer således på lovens betydning "*nella sua creazione ufficiale*" ("*i dens officielle tilblivelse*") i forhold til senere tider (*ibid.*, p. 14); samt "non potendo trattarsi, almeno al tempo della promulgazione della prima legge sul sodamento, di un dominio del Popolo..." ("eftersom det ikke kan dreje sig om *Popolo*'s dominans, i al fald ikke da den første *sodamento*lov blev udstedt...") (RUBINSTEIN, 1935, p. 161); for ikke at nævne hans ord om at opstanden i 1293 havde "un significato molto più vasto, di natura anzitutto politica" ("en meget større betydning, primært af politisk natur") (RUBINSTEIN, 1939, p. 50), som sært nok ikke uddybes. Skyldes så mange forbehold blot akademisk seriøsitet og beskedenhed, eller er der tale om den maksimale opbakning, man som jøde kan give et "rødt" synspunkt i Firenze anno 1939?

[144] "Certamente il fattore dei conflitti fra la borghesia e gli altri ceti della popolazione cittadina è uno dei più importanti per la storia del comune medioevale in

Italia. Ma io credo che accanto ad esso debba trovar posto anche il momento dell'affermarsi dell'idea della comunità statale, quell'idea che cominciò in questo tempo a farsi strada nella storia europea, in Italia come altrove." ("Konflikterne mellem borgerskabet og befolkningens andre lag er bestemt en af de vigtigste faktorer i den italienske middelalderkommunes historie. Men jeg tror, at man ved siden af den også bør sætte gennemslaget af idéen om det statslige fællesskab, den idé som i denne tid begynder at gøre sig gældende i den europæiske historie, i Italien såvel som andetsteds."), *ibid.*, p. 56.

[145] ENRICO FIUMI, "Fioritura e decadenza dell'economia fiorentina", i *Archivio Storico Italiano*, serie VII, CXV (1957), pp. 385-439; CXVI (1958), pp. 443-510; CXVII (1959), pp. 427-502. Artiklerne er siden blevet samlet i bogform: ENRICO FIUMI, *Fioritura e decadenza dell'economia fiorentina*, Firenze, Leo S. Olschki Editore, 1977.

[146] "Erano dichiarati magnati ed obbligati a sodare coloro che, nel giudizio 'popolare', si servivano della potenza che loro derivava dalla ricchezza, dall'ascendente della tradizione familiare, dalla forza della loro consorteria, per vivere al di fuori delle leggi. Ma in effetti non mancavano popolani [...] che imponevano la propria giustizia al ricorso alla legge ed erano più potenti dei più potenti magnati." ("De, som blev erklæret *magnati* og tvunget til at stille kaution, var dem, der i 'folkets' øjne benyttede sig af den magt, som kom fra deres rigdom, deres families traditionelle indflydelse og deres *consorteria*'s styrke til at leve uden for loven. Men det skortede faktisk ikke på *popolani* [...], som gennemtvang deres egen retshåndhævelse med lovens hjælp, og som var mægtigere end de mægtigste *magnati*."), FIUMI, 1957, pp. 391-92.

[147] FIUMI, 1959, pp. 427-428.

[148] "È una distinzione equivoca, sollecitata e imposta da determinati gruppi apparentemente uniti tra loro dal fine comune di ristabilire l'ordine democratico dello stato, ma in realtà stimolati da singole ambizioni di dominio e da propositi di vendetta." ("Det er en tvetydig skelnen, som er opmuntret og gennemført af bestemte grupper, der tilsyneladende er forenede af det fælles mål at genskabe statens demokratiske orden, men i virkeligheden bliver de drevet af den enkeltes ambition om magt og af ønsker om hævn."), *ibid.*, p. 428.

[149] *Ibid.*, pp. 429-430.

[150] *Ibid.*, pp. 432-433.

[151] "Non è dato di scorgere alcuna ragione economica che possa spiegare un antagonismo tra popolo grasso e magnati. Le due parti sono espressione della classe plutocratica e borghese, la quale partecipa tanto dell'attività agraria quanto delle operazioni mercantili." ("Man kan ikke skelne nogen økonomisk årsag, der kan forklare en modsætning mellem *Popolo grasso* og *magnati*. De to parter er udtryk for den plutokratiske og borgerlige klasse, som både deltager i landbrugsdriften og i handelsaktiviteter."), *ibid.*, p. 436.

[152] "I fattori economici uniscono, nel loro insieme, anziché dividere, il ceto magnatizio dal ceto popolano. I motivi delle lotte che spingono consorterie contro consorterie, fazioni contro fazioni, e che fanno delle città comunali un perpetuo campo di battaglia, segno, bene si noti, di grandissima vitalità, non sono, assolutamente, di carattere sociale." ("Samlet set splitter de økonomiske faktorer ikke *magnati* og *popolani*, men forener dem tværtimod. Årsagerne til de kampe, som sætter *con-*

sorterie mod *consorterie*, fraktioner mod fraktioner, og som gør de kommunale byer til en evig kampplads, er sandelig et tegn på yderst stor vitalitet, men de er absolut ikke af social karakter."), *ibid.*, pp. 439-440.

[153] Den lange fremstilling er værd at læse; *ibid.*, pp. 440-466.

[154] *Ibid.*, p. 444.

[155] *Ibid.*, pp. 447-453.

[156] *Ibid.*, pp. 457-458.

[157] "Interessi ed aspirazioni di ordini sociali, situazioni particolari di privilegio economico e politico, astuzie di contribuenti, possono avere ostacolato, ritardato, turbato le soluzioni fiscali che le condizioni imponevano, ma il principio che ognuno debba contribuire ai carichi dello stato in proporzione delle proprie facoltà, è sempre stato alla base dell'azione finanziaria del comune." ("Sociale gruppers interesser og ambitioner, specielle økonomiske og politiske privilegier og skatteydernes snuhed kan alt sammen have hindret, forsinket og forstyrret de skattemæssige løsninger, som forholdene krævede, men pricippet om, at enhver skal yde til statens forpligtelser i forhold til sin egen formåen, har altid været grundlaget for kommunens finansielle handlen."), *ibid.*, p. 464.

[158] "L'intervento dello stato nel sistema degli approvvigionamenti risponde ad un'esigenza sociale dalla quale nessun governante ha mai potuto prescindere. Una 'questione annonaria', alla cui soluzione lo stato debba partecipare con una serie di misure economiche e legislative volte ad aumentare la disponibilità nel paese dei prodotti alimentari, non è problema che si prospetta solo col prevalere delle classi popolari." ("Statens indblanding i forsyningen af fødevarer er i overensstemmelse med en social nødvendighed, fra hvilken ingen hersker nogen sinde har kunnet se bort. Et 'levnedsmiddelsspørgsmål', til hvis løsning staten må bidrage med en serie økonomiske og lovmæssige tiltag for at øge mængden af fødevarer i landet, er ikke et problem, der kun opstår, når de folkelige klasser har magten."), *ibid.*, pp. 466-67.

[159] *Ibid.*, pp. 472-473.

[160] *Ibid.*, pp. 477-478.

[161] *Ibid.*, pp. 492-493.

[162] "È il ceto della borghesia mercantesca e plutocratica [...] che sempre riesce, dopo averne eccitato istinti ed aspirazioni, a far rientrare entro i suoi argini la disordinata massa proletaria." ("Det er det merkantile og plutokratiske borgerskab [...], der altid formår at tæmme den forvirrede proletariske masse efter at have opildnet dens instinkter og ønsker."), *ibid.*, p. 493.

[163] "Le basi della costituzione, che con la istituzione del Priorato, gli Ordinamenti di giustizia e con la partecipazione al potere delle arti minori sembrerebbero dilatarsi, divengono in verità sempre più ristrette." ("Forfatningens grundlag, som med Prioratets opståen, *Ordinamenti di giustizia* og *Arti minori*'s deltagelse i magtudøvelsen havde syntes at blive udvidet, bliver i virkeligheden stedse mere snæver."), *ibid.*, p. 493.

[164] "'Rinascimento' si chiama a torto un periodo che nel significato etimologico rinascimento non è, in quanto '400 e '500 rappresentano il fulgido tramonto, e non l'aurora, di una delle più felici pagine della civiltà umana." ("'Renæssance' kalder man fejlagtigt en periode som etymologisk set ikke er en genfødsel, eftersom 14.-15. århundrede repræsenterer solnedgangen og ikke daggryet for en af menneske-

hedens lykkeligste perioder."), *ibid.*, p. 502.

[165] MARVIN B. BECKER, "The Republican City State in Florence: an Inquiry into its Origin and Survival, 1280-1434", i *Speculum*, XXXV, (1960), pp. 39-50.

[166] MARVIN B. BECKER, *Florence in Transition*, vol. I-II, Baltimore, The Johns Hopkins Press, 1967-68.

[167] MARVIN B. BECKER, "A Study in Political Failure – The Florentine Magnates: 1280-1343", i *Mediaeval Studies* XXVII (1965), pp. 246-308.

[168] *Ibid.*, pp. 246-49

[169] *Ibid.*, pp. 250-51.

[170] "One cannot assess correctly the character of the magnates by merely reading minutes of the communal councils, for throughout Florentine history those men who were brought into government were in fact the ones who tended to be sympathetic with the objectives of the ruling *Signorie*. Nowhere is this practice more obvious than during the decade of the 1280's; those magnates who were co-opted were of course in fundamental agreement with the great *popolani*." ("Man kan ikke vurdere *magnati*'s karakter korrekt udelukkende ud fra en læsning af de kommunale råds referater, thi gennem den florentinske historie har de mænd, som blev inddraget i regeringen, været dem, der havde tendens til at være venligtstillede over for styret. På intet tidspunkt er denne praksis tydeligere end i 1280'erne; de *magnati*, der blev optaget, var naturligvis grundlæggende enige med de mægtige *popolani*."), *ibid.*, p. 252.

[171] *Ibid.*, p. 254. Den beundring og efterligning, som kendetegnede de store *popolani*'s forhold til *magnati*, behandles indgående i BECKER, 1967-68, vol. I, pp. 12-15.

[172] BECKER, 1965, pp. 255-56.

[173] "The overall tendency of Florentine legislation was to intrude more and more into matters formerly decided by the councils of a *consorteria* or a tower society, and some among the magnates welcomed this intervention. [...] The magnates both desired and despised the intervention of the *Signoria* in this sensitive area..." ("Den generelle tendens i den florentinske lovgivning var en stedse større indblanding i sager, som førhen blev besluttet af en tårnforenings eller et *consorteria*'s råd, og somme blandt *magnati* hilste denne indblanding velkommen [...] Magnati både ønskede og afskyede styrets indblanding i dette følsomme område..."), *ibid.*, p. 256.

[174] *Ibid.*, pp. 257-58.

[175] *Ibid.*, pp. 258-62.

[176] *Ibid.*, pp. 262-63.

[177] "Nor was there a precise notion of the membership of the *consorteria* until 1293: it is only then that magnate clans were defined and fused into an order now designated as the Florentine nobility. The movement towards a more exact description of the nobility occurs between 1289 and late 1292 when specific criteria are formulated to distinguish commoner from noble." ("Der eksisterede heller ikke en præcis opfattelse af medlemsskabet af et *consorteria* før 1293. Først da defineres og samles *magnate*-klanerne i en stand, der nu udpeges som den florentinske adel. Bevægelsen mod en mere eksakt beskrivelse af adel sker mellem 1289 og det sene 1292, hvor specifikke kriterier for at skelne borgeren fra adelsmanden formuleres."), *ibid.*, p. 263.

[178] *Ibid.*, p. 264.

[179] *Ibid.*, pp. 266-67.
[180] *Ibid.*, pp. 268-308; "If prediction were in order one might suggest that it was the suppression this type of individualist that was to make possible the more collectivized Renaissance state with its more cohesive ruling class." ("Hvis forudsigelser var på sin plads, kunne man foreslå, at det var undertrykkelsen af denne type af individualister, som skal gøre den mere kollektiviserede renæssancestat med dens mere sammenhængende herskende klasse mulig."), *ibid.*, p. 254.
[181] *Ibid.*, pp. 298-99.
[182] *Ibid.*, pp. 273-75; "Attempts to limit the right of vendetta to those who had personally suffered some outrage to their honour or assault upon their person do not imply a wholesale condemnation of this practice, but rather reveal a mentality that recognized the need, even the sacred duty, for avenging certain indignities." ("Forsøg på at begrænse retten til vendetta til dem, som personligt havde lidt overlast på deres person eller deres ære, medfører ikke en total fordømmelse af denne praksis, men afslører snarere en mentalitet, der anerkender behovet for, ja endog den hellige pligt til at hævne visse krænkelser."), *ibid.*, p. 275. Det er interessant at bemærke, at Becker med denne præcisering foregriber en central pointe i det indlæg, som Andrea Zorzi otteogtyve år senere skal præsentere ved en kongres i anledning af 700-året for *Ordinamenti di Giustizia*. Dette ignorerer Zorzi dog og tager i stedet Becker til indtægt for det synspunkt, at man søgte at forbyde vendettaen, jf. *infra*, pp. 95-100.
[183] GIOVANNI TABACCO, *La storia politica e sociale*, i *Storia d'Italia*, vol. II, Torino, Einaudi, 1974, især pp. 188-194, 223-228; det omfattende bind er senere udkommet som *Egemonie sociali e strutture del potere nel Medioevo italiano*, Torino, Einaudi, 1979.
[184] "Durante il pluridecennale dibattito la polemica contro le interpretazione schematiche ha condotto talvolta a svuotare i concetti stessi di nobiltà e di popolo, quasi fossero o divenissero, nel corso del secolo XIII, nomi destinati a coprire [...] il molteplice contrasto fra le famiglie potenti, con il loro seguito delle loro clientele." ("Gennem den mangeårige debat har polemikken mod de skematiske fortolkninger ført til en dræning af selve begreberne *nobiltà* og *Popolo*, næsten som om disse begreber i løbet af det 13. århundrede var eller blev navne, der skulle dække [...] den mangfoldige strid mellem mægtige familier med deres følger af klienteller."), TABACCO, 1974, p. 189.
[185] "Ma come contestare seriamente un robusto significato di classe ad un conflitto che, senza dubbio, non è mai puramente di classe [...] ma che ha il suo costante punto di riferimento, per tutto il XIII secolo, nella ostentata e denunciata protervia dei 'nobili e grandi'..." ("Men hvordan kan man seriøst betvivle et solidt indslag af klassekamp i en konflikt, som utvivlsomt aldrig udelukkende er mellem klasser [...] men som, i hele det 13. århundrede, har sit konstante midtpunkt i 'nobili e grandi''s demonstrative frækhed..."), *ibid*.
[186] *Ibid.*, pp. 190-191.
[187] *Ibid.*, pp. 191-192.
[188] "Ma ciò soltanto dimostra che il concetto di 'magnate' si andava allargando anche agli elementi piú tracotanti di 'popolo' [...] che dunque la legislazione contro i grandi rientrava davvero in un conflitto di classe, accomunando in quella denominazione corrente gruppi politici ben qualificati sotto il rispetto sociale, per

le solidarietà che li stringevano..." ("Men dette viser kun, at begrebet '*magnate*' blev udvidet også til '*Popolo*''s mest arrogante elementer [...] altså, at lovgivningen mod de mægtige virkelig var del af en klassekamp, idet man med betegnelsen '*magnate*' ligestillede socialt set nærstående grupper pga. den solidaritet, der knyttede dem sammen..."), *ibid.*, p. 192.

[189] *Ibid.*, pp. 193-194.

[190] "Avvenne cioè, nel corso del XIII secolo ed oltre, che l'entità e la vistosità delle distruzioni crescessero proprio in quegli agglomerati urbani, in cui certi sviluppi di cultura e di costume le rendevano piú intollerabili." ("Det hændte altså, i løbet af det 13. århundrede og senere, at omfanget af ødelæggelserne steg, og de blev mere iøjnefaldende, netop i de byer, hvor udviklingen i kultur og skikke gjorde dem mest utålelige."), *ibid.*, p. 225.

[191] "In questo episodio legislativo del 1281 si coglie un proposito di 'pacificazione', che oltrepassa l'idea di conciliare forze avverse e rivendica esclusivamente al 'comune' – come ente coordinatore della vita cittadina e non come espressione di una parte prevalente, fosse pure di una larga maggioranza di popolo – l'uso delle milizie." ("I denne lov fra 1281 møder man en hensigt om 'fredsstiftelse', der overskrider idéen om at forlige stridende parter og gør krav på eneretten for kommunen – som den koordinerende enhed for byens liv og ikke som udtryk for en fremherskende fraktion, selv om den kunne bestå af et stort flertal af folket – til at benytte de væbnede styrker."), *ibid.*, p. 226.

[192] "Le tensioni sociali [...] coesistono con l'orientamento verso un tipo di governo, piú chiaramente strutturato in senso statale: tale quindi da rendere via via piú difficile il movimento autonomo di gruppi e di ceti sul piano politico." ("De sociale spændinger [...] eksisterer side om side med bevægelsen mod en styreform, der er tydeligere statsligt struktureret, således at den stedse gør gruppers og lags selvstændige bevægelse på det politiske plan vanskeligere."), *ibid.*, p. 226.

[193] *Ibid.*, p. 228.

[194] Jf. *supra*, p. 68.

[195] Sergio Raveggi, Massimo Tarassi, Daniela Medici & Patrizia Parenti, *Ghibellini, Guelfi e Popolo Grasso – I detentori del potere politico a Firenze nella seconda metà del Dugento*, Firenze, La Nuova Italia, 1978.

[196] *Ibid.*, pp. xi-xii.

[197] Se det anbefalelsesværdige kapitel "Il regime ghibellino", *ibid.* pp. 3-72.

[198] *Ibid.*, pp. 75-90.

[199] *Ibid.*, pp. 91-96.

[200] *Ibid.*, pp. 97-102.

[201] *Ibid.*, pp. 103-109; "Se il periodo ghibellino, come abbiamo visto, mostrava a capo della città un'oligarchia abbastanza monolitica, l'élite dirigente guelfa appare invece più composita, perché accoglie, od è costretta ad accogliere al suo interno, quei *novi homines* che con la loro spregiudicatezza negli affari e nella politica avevano saputo conquistarsi il diritto di trattare da pari a pari con le famiglie di antica tradizione." ("Hvis den ghibellinske periode, som vi har set, viste et ret monolitisk oligarki i byens ledelse, så forekommer den herskende guelfiske elite derimod mere sammensat, fordi den optager, eller er tvunget til at optage, de *novi homines*, som med deres kynisme i handel og i politik havde opnået ret til at

forhandle som ligemænd med de gamle familier."), *ibid.*, p. 103.
[202] For et minutiøst portræt af en lang række af elitens familier, se *ibid.*, pp. 109-123.
[203] *Ibid.*, pp. 126-129.
[204] *Ibid.*, pp. 130-134.
[205] "Esaminando il periodo ghibellino abbiamo notato infatti una certa astrazione della élite dirigente dal nuovo contesto economico creato dal crescente capitalismo mercantile […] Tale caratteristica, se pure si ritrova come dato costante in quasi tutte le famiglie guelfe d'antica tradizione, è certamente meno accentuata nel vasto complesso che dirige il governo della città in questi tredici anni." ("Da vi undersøgte den ghibellinske periode bemærkede vi faktisk en vis afstandtagen hos den herskende elite til den ny økonomiske tilstand, som blev skabt af den voksende merkantile kapitalisme [...] Dette træk er bestemt mindre udtalt i den store gruppe, som regerer byen i disse 13 år, skønt man genfinder det som en konstant faktor i næsten alle de gamle guelfiske familier."), *ibid.*, p. 136.
[206] *Ibid.*, pp. 136-137.
[207] *Ibid.*, pp. 139-143.
[208] *Ibid.*, pp. 144-148.
[209] *Ibid.*, pp. 148-151; "La classe dirigente fiorentina va dunque mutando i propri caratteri distintivi già in questo periodo, per ora in modo lento, graduale e pacifico." ("Den herskende klasse i Firenze forandrer således sine distinktive træk allerede i denne periode, for øjeblikket langsomt, gradvist og fredeligt."), *ibid.*, p. 150.
[210] *Ibid.*, pp. 154-155.
[211] *Ibid.*, pp. 155-158 ; "Se nel periodo guelfo sono le prime [le famiglie di antica tradizione] a dominare e il secondo [il mondo dei mercanti] ad essere in posizione subordinata, dopo il 1280 si verifica l'esatto contrario." ("Hvis det i den guelfiske periode er de gamle familier, der dominerer, og familierne fra handelsverdenen befinder sig i andenposition, så viser det stik modsatte sig efter 1280."), *ibid.*, p. 158.
[212] *Ibid.*, pp. 167-178.
[213] *Ibid.*, p. 171; "Si spiegano così i provvedimenti antimagnatizi di quell'anno, provvedimenti che hanno certamente un carattere di ordine pubblico, ma che, è necessario ripeterlo, sono rivolti espressamente contro la parte più turbolenta della città. I fautori della pace sociale di Firenze sono dunque gli esponenti di quel mondo mercantile che ha di mira solamente lo sviluppo dei propri affari e ai quali uno stato permanente o latente di guerra, sia interna che esterna, non può certo giovare." ("Således forklarer man det års tiltag mod *magnati*, tiltag som bestemt har karakter af bevarelse af den offentlige orden, men det skal gentages, at de er udtrykkeligt rettet mod byens mest turbulente gruppe. Forsvarerne af den sociale fred i Firenze er altså eksponenter for dén merkantile verden, der kun sigter på at udvikle sin egen handelsaktivitet, og for hvem en permanent eller latent krigstilstand, såvel intern som ekstern, bestemt ikke kan være gavnlig."), *ibid.*, pp. 177-178.
[214] "I mercanti, gli artigiani maggiori, hanno il vantaggio rispetto ai Grandi di essere meno divisi politicamente […] il comune interesse commerciale e la consapevolezza di rappresentare il ceto produttivo della città, rendono ormai

superati i contrasti di partito. In questo senso essi rappresentano una classe, sia pure dai confini non troppo rigidi, di fronte al discorde blocco delle grandi famiglie." ("Købmændene, de mægtigste laugsmedlemmer, har den fordel i forhold til *magnati*, at de er mindre politisk splittede [...] den fælles kommercielle interesse og bevidstheden om at repræsentere byen produktive del gør partistridighederne til et afsluttet kapitel. Under denne synsvinkel repræsenterer de en klasse, dog uden særlig klare grænser, over for de mægtige familiers uenige blok."), *ibid.*, p. 179.

[215] *Ibid.*, p. 187.

[216] "Il priorato, più che una magistratura rivoluzionaria, appare quindi come la necessaria trasformazione costituzionale che i mutati rapporti sociali e le mutate condizioni politiche ed economiche rendono ormai improcrastinabile." ("Prioratet forekommer altså snarere end en revolutionær institution, som den nødvendige konstitutionelle forvandling, som de forandrede sociale forhold og de forandrede politiske og økonomiske forhold nu gør uomgængelig."), *ibid.*, p. 189.

[217] *Ibid.*, pp. 190-198.

[218] "Va rilevato però che per la prima volta nella storia del comune di Firenze si prendono provvedimenti legislativi che interessano specificamente una certa parte della cittadinanza considerata in blocco quasi come una classe sociale distinta. Non si tratta quindi solo di frenare certe violenze, di moderare certe manifestazioni di 'grandigia', ma anche di far sì che uomini fino ad allora troppo influenti siano ridimensionati nella loro autorità pubblica." ("Men det skal fremhæves, at man for første gang i Firenzes kommune vedtager love, der specifikt vedrører en speciel del af befolkningen, som betragtes *en bloc* næsten som en distinkt social klasse. Det handler således ikke kun om at bremse visse voldshandlinger, om at moderere visse udtryk for *grandigia*, men også om at sørge for at en række mænd, som hidtil har været for betydningsfulde, får begrænset deres offentlige autoritet."), *ibid.*, p. 200.

[219] *Ibid.*, pp. 200-201.

[220] *Ibid.*, pp. 202-205.

[221] *Ibid.*, pp. 207-209; "Comincia così a vanificarsi, almeno all'interno del mondo artigiano, la tradizionale divisione tra Guelfi e Ghibellini, che permane solo negli strati sociali più alti." ("Således begynder den traditionelle splittelse mellem guelfer og ghibelliner at forsvinde, i al fald i laugenes verden, medens den fortsætter i de højeste sociale lag."), *ibid.*, p. 209.

[222] *Ibid.*, pp. 213-221.

[223] *Ibid.*, pp. 223-224, 224 n. 1; jf. også kritikken af Ottokars påstand om, at *Arti maggiori* repræsenterer alle laugene, *ibid.*, p. 180 n. 1.

[224] *Ibid.*, pp. 223-224; "In linea di massima, comunque, questi anni non vanno considerati come una fase di scontro continuo tra elementi magnatizie ed elementi popolani..." ("Hvorom alting er, skal disse år generelt set ikke opfattes som en tid med konstante sammenstød mellem *magnati* og *popolani*..."), *ibid.*, pp. 181-182.

[225] *Ibid.*, pp. 225-226.

[226] *Ibid.*, pp. 227-229.

[227] "Il priorato, nel periodo immediatamente precedente agli Ordinamenti di Giustizia, appariva saldamente in mano a tali famiglie che, a prescindere dalle

origini, si erano assimilate del tutto alle vecchie famiglie aristocratiche..." ("Prioratet forekom i perioden umiddelbart inden *Ordinamenti di Giustizia* sikkert i hænderne på sådanne familier, der, når man ser bort fra deres oprindelse, havde assimileret sig fuldstændigt med de gamle aristokratiske familier..."), *ibid.*, p. 241.

[228] *Ibid.*, pp. 242-243.

[229] "...è proprio a partire dal 1290 che l'accesso nella classe dirigente cittadina, dall'istituzione del priorato ad allora abbastanza aperto a presenze di elementi nuovi, tende a chiudersi in una ristretta oligarchia." ("...det er netop fra 1290, at adgangen til byens herskende klasse, som fra Prioratets skabelse til da havde været temmelig åben for ny elementer, har en tendens til at lukke sig i et snævert oligarki."), *ibid.*, p. 243 n. 3.

[230] *Ibid.*, pp. 243-244.

[231] *Ibid.*, p. 251.

[232] *Ibid.*, p. 248.

[233] *Ibid.*, pp. 252-253.

[234] "È dunque la parte popolare nel suo complesso che vuole un cambiamento di rotta nel governo cittadino e la conseguente rivalsa contro le violenze e lo strapotere palese ed occulto dei magnati. In questa 'parte popolare' possiamo distinguere una base molto ampia, formate dalla massa della popolazione con diritto alla partecipazione politica, ed un vertice, abbastanza ristretto, di cui fanno parte alcuni 'possenti' popolani ed anche certi personaggi provenienti dalle Arti medie e minori..." ("Det er altså den folkelige del af befolkningen i sin helhed, der ønsker forandring i byens regering og den deraf følgende gengældelse for *magnati*'s vold og deres åbne og skjulte magtmisbrug. I denne 'folkelige del' kan vi skelne en meget bred basis, som udgøres af store dele af befolkningen, der har ret til at deltage i det politiske liv, og en ret snæver top, som udgøres af enkelte 'mægtige' *popolani*, men også af visse personer fra *Arti medie* og *minori*..."), *ibid.*, p. 255.

[235] *Ibid.*, pp. 255-56.

[236] "...a nostro avviso i magnati non sono uno 'schieramento di fazione' (con tutte le ambiguità che seguono) o meglio lo sono in minor misura di quanto non siano piuttosto una categoria di cittadini dai connotati abbastanza precisi e, nell'ambito di due o tre tipologie standard, omogenei." ("...efter vor mening, er *magnati* ikke en 'fraktion' (med alle de tvetydigheder, som deraf følger), eller rettere, så er de det i mindre udstrækning, end de er en kategori af indbyggere med ret præcise kendetegn, som inden for to eller tre standardtypologier er homogene."), *ibid.*, p. 262 n. 52.

[237] *Ibid.*, pp. 263-265.

[238] *Ibid.*, pp. 265-266.

[239] *Ibid.*, pp. 267-268.

[240] "...va in ogni caso rilevato che tali angherie erano presumibilmente le stesse perpetuate ormai da svariate generazioni: fu la coscienza di avere la forza per impedirle a renderle finalmente insopportabili." ("...under alle omstændigheder skal det understreges, at sådanne overgreb sandsynligvis var de samme, som var blevet udøvet i adskillige generationer: Det var bevidstheden om at have styrken til at forhindre dem, der til sidst gjorde dem uudholdelige."), *ibid.*, p. 268.

[241] "...le decisioni sia in politica estera che all'interno mirano tutte in un'unica direzione, tendendo a rinsaldare l'assetto democratico dello stato, con un radicalismo fin troppo spavaldo di iniziative)." ("...beslutningerne både i indenrigs- og i udenrigspolitikken sigtede alle i en retning, idet de, med en radikalisme, som var for fuld af dristige initiativer, søgte at styrke statens demokratiske opbygning)."), *ibid.*, p. 269.

[242] *Ibid.*, pp. 270-273.

[243] "Ma una città come Firenze era ormai un caposaldo troppo importante economicamente e politicamente perché gli fosse concesso senza remore il diritto ad un proprio sviluppo istituzionale pienamente autonomo [...] gli stessi Ordinamenti di Giustizia [...] avevano sì il carattere indiscutibile di legislazione antimagnatizia, ma valsero in concreto a sanzionare soprattutto l'avvento al potere di chi aveva realmente in mano le leve economiche della città..." ("Men en by som Firenze var på denne tid et alt for vigtigt økonomisk og politisk støttepunkt, til at byen kunne få lov til at bestemme sin egen selvstændige institutionelle udvikling uden forhindringer [...] selve *Ordinamenti di Giustizia* [...] havde havde bestemt en indiskutabel karakter af lovgivning mod *magnati*, men de kom først og fremmest konkret til at betyde en godkendelse af magtovertagelsen for dem, som reelt allerede styrede byens økonomiske liv..."), *ibid.* pp. 274-275.

[244] "Ma nei nodi storici cruciali ed ancor più nella ricerca di una logica generale, quando si cerca di interpretare in una prospettiva di più vasto respiro il significato di decenni di storia civile, ecco che tali aspetti [politiske grupperinger på tværs af klasseskel og ikke-økonomiske bånd mellem individerne] divengono tutto sommato accessori e la chiave di interpretazione economico-sociale affiora come l'unica plausibile." ("Men når det gælder de afgørende historiske hændelsesforløb, og endnu mere, når det gælder jagten på en generel logik, når man søger det større perspektiv i betydningen af årtiers historie, så bliver sådanne aspekter [politiske grupperinger på tværs af klasseskel og ikke-økonomiske bånd mellem individerne] alt i alt af sekundær betydning, og den socioøkonomiske fortolkningsmodel viser sig som den eneste sandsynlige."), *ibid.*, p. 64.

[245] *Ordinamenti di giustizia fiorentini. Studi in occasione del VII centenario,* (*Archivio di Stato di Firenze – Scuola di archivistica paleografica e diplomatica,* 4), a cura di Vanna Arrighi, Firenze, EDIFIR-Edizioni, 1995.

[246] ANDREA ZORZI, "Politica e giustizia a Firenze al tempo degli Ordinamenti antimagnatizi", i *ibid.*, pp. 105-147.

[247] "La ricerca piú recente sta evidenziando infatti con sempre maggiore chiarezza come la giustizia amministrata dal Podestà e dagli altri rettori ordinari non costituisse che uno dei vari sistemi giudiziari attivi nella società comunale e soprattutto come essa non si contrapponesse alle forme cosiddette 'private' di esercizio della giustizia." ("Den seneste forskning viser med stadig større tydelighed, at den retfærdighed, som blev administreret af *podestà* og af de andre embedsmænd, kun var ét af de forskellige retssystemer, der var aktive i det kommunale samfund, og først og fremmest, at dette restsystem ikke stod i modsætning til de såkaldte 'private' former for retshåndhævelse."), *ibid.*, p. 106.

[248] *Ibid.*, pp. 106-108; "Un percorso biografico, dunque, molto intenso, tracciato attraverso strategie solo apparentemente contraddittorie, ma al contrario coerenti, pervase da una logica immanente le pratiche sociali e i modi culturali tipici di una

società complessa come quella comunale. La coesistenza tra forme 'private' di soluzione dei conflitti, il ricorso ai metodi processuali, la promozione di accordi di pace, e la repressione penale non si ponevano tra loro in un'elidente concorrenza." ("Altså et meget intenst livsforløb, der udgøres af strategier, som kun tilsyneladende er selvmodsigende, men i virkeligheden er sammenhængende og gennemsyrede af en indbygget logik i den sociale praksis og i de typiske kulturelle handlingsmønstre i et komplekst samfund som det kommunale. 'Private' former for konfliktløsning, tilflugt til retsinstanser, arbejdet for fredsslutninger og den strafferetslige undertrykkelse sameksisterede og forsøgte ikke at udelukke hinanden."), *ibid.*, p. 108.

[249] *Ibid.*, pp. 109-112.

[250] *Ibid.*, p. 115.

[251] *Ibid.*, pp. 115-117; "Se la legislazione antimagnatizia non ebbe alcun effetto su queste pratiche, ciò non dipese da un'inefficienza delle misure di repressione o da un'ancora soverchiante potenza dei lignaggi militari, bensì dal fatto che essa non pose in discussione la legittimità dei meccanismi del conflitto in termini di faida. Non la pose perché tali erano la cultura e i modi della politica: modi diffusi propri di tutta la società politica fiorentina, sia di 'popolo' sia magnatizia." (Hvis lovgivningen mod *magnati* ingen virkning havde på disse handlingsmønstre, så afhang det ikke af undertrykkelsens ineffektivitet eller af krigerslægternes eventuelle overmagt, men af at lovgivningen aldrig satte spørgsmålstegn ved legitimiteten i fejdens mekanismer. Spørgsmålet blev ikke stillet, fordi sådan var kulturen og det politiske spil nu engang: Disse handlingsmønstre var udbredte i hele det florentinske samfund, både blandt '*Popolo*' og blandt *magnati*."), *ibid.*, p. 117.

[252] *Ibid.*, pp. 117-119.

[253] "Le disposizioni antimagnatizie puntarono infatti a isolare e a colpire chi minacciasse di differenziarsi dagli altri non tanto per il fondamento economico del proprio patrimonio, quanto per l'ostentazione di un comportamento che metteva a repentaglio il bene comune e l'ordine pubblico: il nuovo ordine, cioè, di cui era crescente fautore il regime corporativo." ("Forholdsreglerne mod *magnati* sigtede faktisk på at isolere og ramme dem, der udskilte sig fra de andre, ikke så meget gennem deres formuers struktur, som gennem deres demonstrative optræden, der satte almenvellet og den offentlige orden på spil: altså den ny orden, for hvilken det korporative styre var en stedse mere ivrig forkæmper."), *ibid.*, p. 121.

[254] *Ibid.*, pp. 122-123; "In realtà, il sodamento costituiva uno strumento di cui l'iniziativa pubblica si avvaleva per intervenire in quei meccanismi della faida che lasciavano spazio alla negoziazione tra le parti, alla mediazione di arbitri, al raggiungimento di una tregua…" ("I virkeligheden udgjorde *sodamento* et instrument, som kommunen benyttede sig af til at intervenere i de af fejdens mekanismer, der gav plads til forhandling mellem parterne, til opmænds mægling, til opnåelse af en våbenhvile..."), *ibid.*, p. 123.

[255] *Ibid.*, pp. 125-127.

[256] *Ibid.*, pp. 127-130.

[257] "L'insieme delle misure di disciplina non fu inteso solo a frenare le violenze dei Magnati, ma finì con l'assumere un ruolo centrale nella definizione della cornice ideologica del regime delle Arti […] la *libertas* sulla quale gli *Ordinamenti di giustizia* si imperniavano era intesa come libertà del 'popolo' dall'oppressione dei

Magnati, da coloro cioè che rifiutavano i modi del vivere civile." ("De disciplinære tiltag havde ikke kun til formål at bremse *magnati*'s voldshandlinger, men endte med at indtage en central rolle i den ideologiske ramme om laugsstyret [...] den *libertas*, på hvilken Ordinamenti di Giustizia støttede sig, var ment som '*Popolo*'s frihed fra *magnati*'s undertrykkelse, altså fra dem der nægtede at følge det civiliserede samfunds spilleregler."), *ibid.*, pp. 130-131.

[258] *Ibid.*, pp. 136-138.

[259] *Ibid.*, pp. 139-141; "Ma se è vero che alcuni di questi elementi preclusero l'adozione di un'azione penale forte e indifferenziata, e costituirono un aspetto di quel tanto di rudimentale, magmatico e incoativo che caratterizzò la sperimentazione comunale nel suo processo verso funzionamenti istituzionali più certi e razionali, è altrettanto evidente che questo stato rappresentava la strutturale e ordinaria natura di un sistema giudiziario fondato sulla contrattazione e sulla pacificazione prima e più ancora che sulla coercizione." ("Men hvis det er sandt, at visse af disse elementer udelukkede brugen af en stærk og ensartet strafferetlig indsats, og at de udgjorde et aspekt af alt det rudimentære, flydende og begyndende, der karakteriserede det kommunale eksperiment i dets udvikling mod mere sikker og rationel institutionel drift, så er det ligeså klart, at denne tilstand repræsenterede den almindelige struktur i et retsligt system, som i højere grad byggede på forhandling og fredsstiftelse end på tvang."), *ibid.* p. 141.

[260] "In altri termini, la disciplina penale servì a un gruppo ben definito di famiglie di 'popolo' e mercantili come strumento di lotta per negoziare il controllo delle risorse politiche (vale a dire, degli uffici e di una nuova cultura non fondata sul conflitto armato) con il gruppo di lignaggi militari e potenti che aveva a lungo egemonizzato il potere del comune." ("Med andre ord, tjente den strafferetlige disciplin som våben for en veldefineret gruppe af familier fra '*Popolo*' og merkantile kredse til at forhandle med gruppen af mægtige krigerslægter, der længe havde haft overherredømmet i kommunen, om kontrollen over de politiske ressourrcer (altså over embederne og over en ny kultur, der ikke var baseret på væbnet konflikt)."), , *ibid.*, p. 145.

[261] *Ibid.*, pp. 145-147; "Si trattò di un disciplinamento a un nuovo stile di vita meno violento cui concorse una generale evoluzione della società fiorentina verso un più ampio disarmo della cittadina." ("Det handlede om en disciplinering til en ny, mindre voldelig livsstil, hvortil bidrog en generel udvikling i det florentinske samfund mod en større afvæbning af befolkningen."), *ibid.*, p. 146.

[262] Som det nok allerede er fremgået tidligere, benytter jeg her ikke dette sidste begreb i den originale, meget præcise betydning, Thomas Kuhn tillagde det, men i den løsere version, som det siden har fået inden for videnskabsteorien.

[263] Jf. *supra*, p. 51.

[264] Jf. *supra*, pp. 40-51.

[265] Jf. *supra*, pp. 41-46.

[266] Jf. *supra*, pp. 43-44, 47.

[267] Jf. *supra*, pp. 46-48.

[268] Som allerede fremhævet følger Davidsohns store Firenzehistorie samme model som Salvemini, dog uden den nøje definering af forskellige perioder med dominans af henholdsvis *Popolo* og *magnati*, jf. *supra*, p. 51. Af andre historikere fra *la*

scuola economico-giuridica, som i tiden op til Første Verdenskrig beskæftiger sig med konflikten mellem *magnati* og *Popolo*, kan nævnes Romolo Caggese, der helt i Salveminis ånd behandler spørgsmålet i sin Firenzehistorie, jf. ROMOLO CAGGESE, *Firenze dalla decadenza di Roma al Risorgimento d'Italia*, vol. I, Firenze, Bemporad, 1912, pp. 460-528.

[269] Salvemini skriver således i 1946: "…io riuscii un po' troppo schematico nella interpretazione degli avvenimenti. Credo che quella interpretazione resti sempre corretta nella sua base. Ma una qualche maggiore fluidità avrebbe giovato molto di più alla ricostruzione. E in fondo il libro di Ottokar può servire a introdurre in quella ricostruzione molte sfumature e oscillazioni di cui io avevo fatto troppo buon mercato."("...jeg var lidt for skematisk i min fortolkning af begivenhederne. Jeg tror, at min fortolkning grundlæggende stadig er korrekt. Men en større fleksibilitet ville have gavnet rekonstruktionen meget mere. I grunden kan Ottokars bog bruges til at tilføre min rekonstruktion mange nuanceringer og udsving, som jeg har taget for let på."), SESTAN, 1958, p. 15 n. 1.

[270] Blandt de talrige bidrag, der ganske tæt har fulgt i Ottokars fodspor, kunne man f.eks. nævne: GINO MASI, "Il popolo a Firenze alla fine del Dugento", i *Archivio Giuridico*, serie IV, XCIX (1928): pp. 86-100, 164-199; id., "La struttura sociale delle fazioni politiche fiorentine ai tempi di Dante", i *Giornale Dantesco*, nuova serie I, XXXI (1928): pp. 3-28; id., "I banchieri fiorentini nella vita politica della città sulla fine del Dugento", i *Archivio Giuridico*, serie IV, CV (1931): pp. 57-89; DESIDERIO CAVALCA, "Il ceto magnatizio a Firenze dopo gli Ordinamenti di Giustizia", i *Rivista di Storia del Diritto Italiano*, XL-XLI (1967-68): pp. 85-132; GUIDO PAMPALONI, "I magnati a Firenze alla fine del Dugento", i *Archivio Storico Italiano*, serie VII, CXXIX (1971): pp. 387-423. Man kunne desuden nævne Emilio Crisitianis vigtige arbejde, hvori han helt i Ottokars ånd analyserer Pisa og kritiserer Gioacchino Volpes resultater: EMILIO CRISTIANI, *Nobiltà e popolo del comune di Pisa. Dalle origini del podestariato alla signoria dei Donoratico*, Napoli, Istituto Italiano per gli Studi Storici, 1962.

[271] Jf. kapitel IV.2, *supra*, pp. 51-63.
[272] Jf. *supra*, pp. 55-58.
[273] Jf. *supra*, pp. 52-55.
[274] Jf. *supra*, n. 88, pp. 58-61.
[275] Jf. *supra*, pp. 63-68.
[276] Om Rubinstein og de socioøkonomiske faktorer, jf. *supra*, n. 119, 142, 143.
[277] Jf. *supra*, pp. 68-73.
[278] Jf. *supra*, pp. 72-73.
[279] Jf. *supra*, pp. 61, 72-73.
[280] Jf. *supra*, pp. 73-78.
[281] Jf. *supra*, pp. 74-76.
[282] Jf. *supra*, pp. 73-77.
[283] Jf. *supra*, pp. 78-82.
[284] Jf. *supra*, pp. 82-95.
[285] Jf. *supra*, pp. 87-90.
[286] Jf. *supra*, n. 213.
[287] Jf. *supra*, n. 224.

[288] Jf. *supra*, pp. 95-100.
[289] Jf. *supra*, pp. 98-100.
[290] Jf. *supra*, n. 253.
[291] Jf. kapitel III, *supra*, pp. 20-39.
[292] I samtidens kontrakter og handelsbreve påkalder man sig ofte *santo guadagno* – den hellige indtjening eller om man vil "sankt vinding" – på linie med Jomfru Maria og de andre helgener.
[293] Jeg har, som allerede annonceret i introduktionen, i gennemgangen af de enkelte historikeres arbejder afholdt mig fra kritik ud fra den betragtning, at fremhævelse af mindre unøjagtigheder og fejl ikke burde sløre det egentlige mål, nemlig at afdække de forskellige tolkningsmodellers muligheder og deres mere generelle resultater. Blot for at nævne et enkelt eksempel kunne jeg således have stillet spørgsmålstegn ved Fiumis anfægtelser af Salvemini i forbindelse med ridderkriteriet for *magnati*. Fiumi anfører med henvisning til *Libro di Montaperti* cit. pp. 2-8, at der var riddere i familierne Ridolfi, Foresi, Malagonelle, Albizzi, Ceretani, Acciaioli og Falconieri (FIUMI, 1959, p. 430). Hertil kunne man for det første indvende, at flere af de nævnte riddere kunne være omkommet i det blodige slag *che fece l'Arbia colorata in rosso* og derfor ikke have haft indflydelse på deres slægters senere skæbne. Men også med udgangspunkt i de af Fiumi angivne sider er påstanden diskutabel. Alle de nævnte slægter optræder ganske vist, som Fiumi har angivet (med deres latiniserede navne), men den eneste Malagonelle, en vis Gonella f. Lotherii Malegonelle (som udnævnes til *Distringitor et Consilarius* for *Gonfalonerius Balistariorum Sextus Porte Sancti Pancratii*) optræder uden den titel, *dominus*, som altid angiver riddere og dommere (*Libro di Montaperti* cit., p. 5). På samme vis er den eneste af familien Falconieri, nemlig Falcuccius (*Bandifer Arcatorum* for *Sextus Burgi*) ikke ridder, men omtales som søn af en sådan (*ibid.*, p. 6). Og endelig bærer Puccius de Acciaiolis, som er *Distringitor et Consilarius* for førnævnte Falcuccius, heller ikke riddertitlen (*ibid.*). Kort sagt, så er næsten halvdelen af Fiumis angivelser tvivlsomme.
[294] Studiet af ridderfænomenet i de italienske kommuner er kun blevet genstand for én bog (STEFANO GASPARRI, *I "milites" cittadini. Studi sulla cavalleria in Italia*, Roma, Istituto Storico Italiano per il Medio Evo, 1992) samt enkelte spredte artikler, jf. blandt andet GINA FASOLI, "Lineamenti di una storia della cavalleria", i *Studi di storia medievale e moderna in onore di Ettore Rota*, a cura di Pietro Vaccari & Pier Ferdinando Palumbo, Roma, Edizioni del Lavoro, 1958, pp. 81-93; CARLO GUIDO MOR, "La Cavalleria", i *Nuove questioni di storia medioevale*, Milano, Marzorati, 1964, pp. 129-143; FRANCO CARDINI, "'Nobiltà' e cavalleria nei centri urbani: problemi e interpretazioni", i *Nobiltà e ceti dirigenti in Toscana nei secoli XI-XIII: strutture e concetti, Comitato di studi sulla storia dei ceti dirigenti in Toscana. Atti del IV convegno, 12 dicembre 1981*, Firenze, Francesco Papafava Editore, 1982, pp. 13-28.

For Firenzes vedkommende begrænser forskningen sig til den redigerede udgave af Salveminis speciale og nogle få kortere artikler, jf. GAETANO SALVEMINI, 1896; EMILIO CRISTIANI, "Sul valore politico del cavalierato nella Firenze dei secoli XIII e XIV", i *Studi medievali*, serie III, III (1962), pp. 365-371; GIOVANNI TABACCO, "Nobili e cavalieri a Bologna e a Firenze fra XII e XIII secolo", i *Studi medievali*, serie III, XVII (1976), pp. 41-79; DANIEL WALEY, "The Army of the Florentine

Republic from the Twelfth to the Fourteenth Century", i *Florentine Studies: Politics and Society in Renaissance Florence*, ed. Nicolai Rubinstein, London, Faber & Faber, 1968, pp. 70-108.

[295] Jf. ovennævnte studier om ridderfænomenet.

[296] "Uno cavaliere della somiglianza di Catellina romano, ma piú crudele di lui, gentile di sangue, bello del corpo, piacevole parlatore, addorno di belli costumi, sottile d'ingegno, con l'animo sempre intento a malfare, col quale molti masnadieri si raunavano e gran séguito avea, molte arsioni e molte ruberie fece fare, e gran dannaggio a' Cerchi e a' loro amici; molto avere guadagnò, e in grande alteza salí. Costui fu messer Corso Donato che per sua superbia fu chiamato il Barone…" ("En ridder, der mindede om den romerske Catilina, men mere grusom end han, ædel af blod, smuk af skikkelse, en behagelig taler, prydet af smukke vaner, snu af sind, med en sjæl, der altid var opsat på at gøre ondt, og om ham fylkedes mange krigssvende, og han havde stort følge, mange røverier og mange brande skete på hans bud, og stor skade for slægten Cerchi og dens venner stod han bag; meget tjente han, og højt steg han op. Han var messer Corso Donati, som for sit hovmod blev kaldt *il Barone*..."), DINO COMPAGNI, *Cronica* cit., II, 20.

[297] CAROL LANSING, *The Florentine Magnates: Lineage and Faction in a Medieval Commune*, Princeton, Princeton University Press, 1991.

[298] Det vil her føre for vidt blot tilnærmelsesvis at skitsere den store politologiske produktion, der eksisterer om statens fødsel og opbygning,. Uden at komme ind på hegeliansk statsfilosofi eller teoretikere som Max Webers og Federico Chabods vigtige arbejder vil jeg blot i denne forbindelse henlede opmærksomheden på et par interessante værker med mange inspirerende indlæg (og mange spændende bibliografiske vink til videre fordybelse), der omhandler den tidlige italienske statsdannelse i overgangsperioden fra Middelalderen til den moderne epoke: *La crisi degli ordinamenti comunali e le origini dello stato del Rinascimento*, (Istituzioni e società nella storia d'Italia, 2), a cura di Giorgio Chittolini, Bologna, Società editrice il Mulino, 1979; *Origini dello Stato – Processi di formazione statale in Italia fra medioevo ed età moderna*, (Annali dell'Istituto storico italo-germanico, quaderno 39), a cura di Giorgio Chittolini, Anthony Molho, Pierangelo Schiera, Bologna, Società editrice il Mulino, 1997 (1994).

[299] Om Ambrogio Lorenzettis udsøgte fresker i Siena og deres politiske indhold, jf. NICOLAI RUBINSTEIN, "Political Ideas in Sienese Art", i *Journal of the Warburg and Courtauld Institute*, XXI (1958), pp. 179-207. Man kunne også nævne den dominikanske prædikant fra Remigio de' Girolami, der prækede *bonus communis* på et særdeles velfunderet teoretisk grundlag, jf. RICHARD EGENTER, "Gemeinnutz vor Eigennutz – Die sociale Leitidee im 'Tractatus de bono communi' des Fr. Remigus von Florenz (†1319)", i *Scholastik*, IX (1934), pp. 79-92; CHARLES TREVOR DAVIS, "An Early Florentine Political Theorist: Fra Remigio de' Girolami", i id., *Dante's Italy and other Essays*, Philadelphia, University of Pennsylvania Press, 1984, pp. 198-223.

[300] GINA FASOLI, "Ricerche sulla legislazione antimagnatizia nei comuni italiani dell'alta e media Italia", i *Rivista di Storia del Diritto Italiano*, XII (1939), pp. 86-133, 240-309.

[301] Der blev således i 1995 afholdt en kongres om konflikten mellem *magnati* og *popolani*, hvor bidragyderne blandt andet dækkede byer som Siena, Piacenza,

Bologna osv.: Centro italiano di studi di storia e d'arte, Pistoia, *Magnati e popolani nell'Italia comunale: 15° convegno di Studi: Pistoia, 15-18 maggio 1995*, Pistoia, presso la sede del Centro, 1997; se også den føromtalte grundige analyse af Pisa: EMILIO CRISTIANI, 1962, jf. *supra*, n. 270.